「高く」売れ！「長く」売れ！「共感」で売れ！

藤村正宏
Masahiro Fujimura

実業之日本社

**ニーズがない層も
つい買ってしまう。
エピソードを伝えて、
売上5倍以上!**

誰にでも想像できるエピソードを伝えることで、
まったくニーズのなかった人もその商品を試したくなる。
「へ～、そうなんだ～」「ちょっと試してみよう」と
お客さまに思ってもらえることが「共感」を生み、購入につながるのだ。
(➡本文105ページ)

オフィスビルが 即満室となった “一撃”の不動産広告!

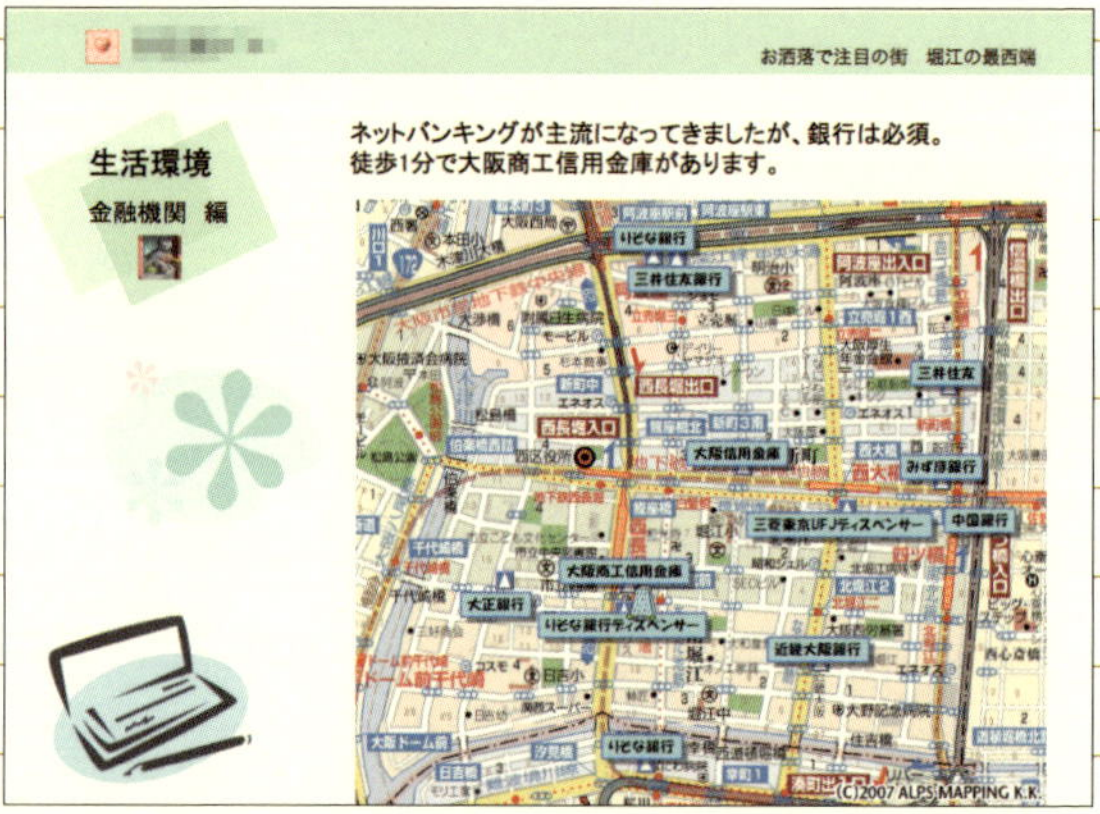

不動産広告の常識を覆すような、丹念な資料。
賃貸オフィスとして物件を借りるお客さまが欲しい情報は何か。
それをすべて資料に入れ込んでみた結果、即満室となった！
（➡本文150ページ）

紹介率90%!
スゴイ名刺の
秘密とは?

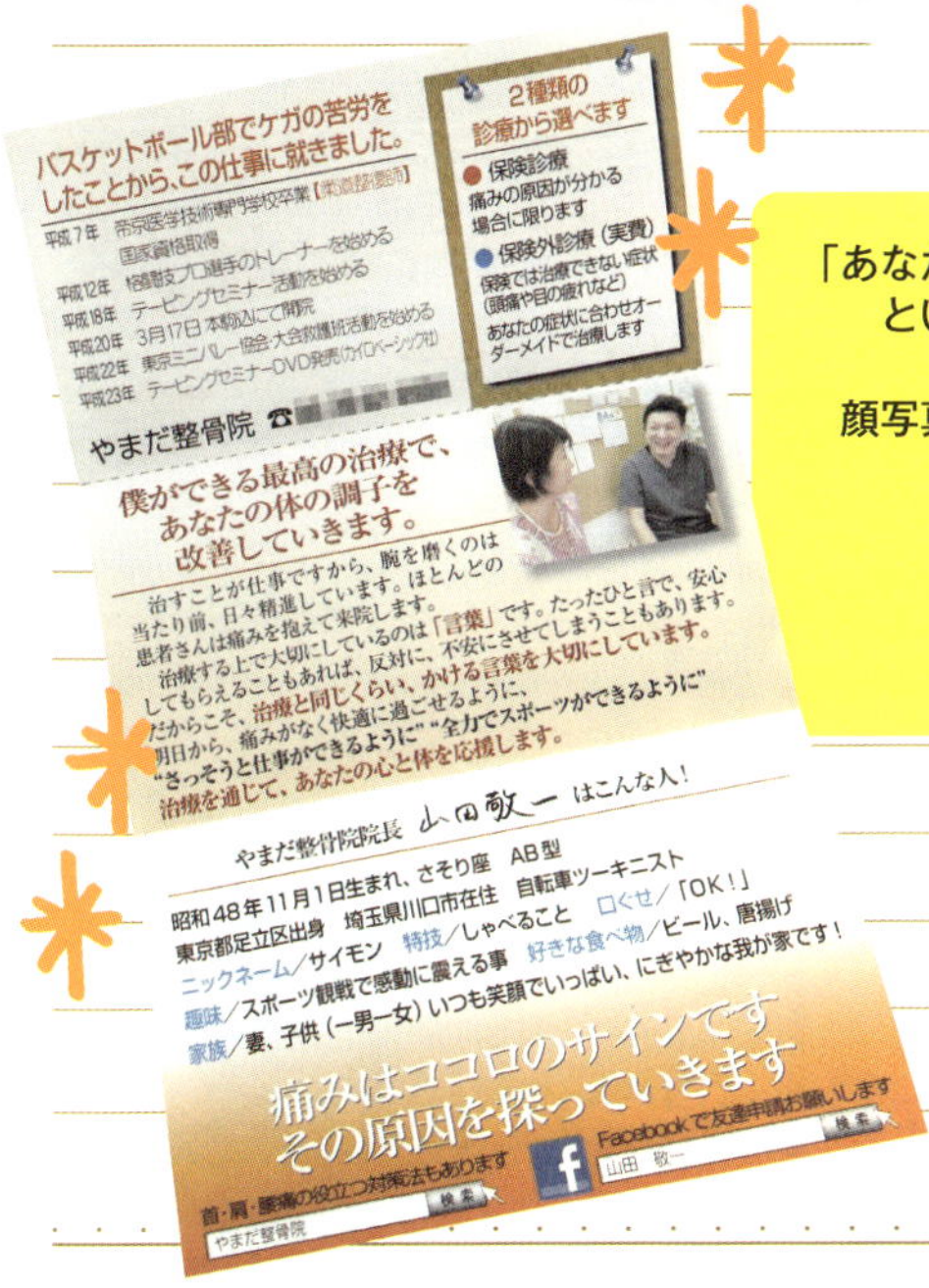

「あなたの大切な人をご紹介下さい」
という「紹介カード」が入った、
3つ折りの名刺。
顔写真、プロフィール、モットー、
お客さまの声などを
丁寧に入れ込むことで、
名刺が共感と信頼を伝える
販促物となっていく。
（➡本文124ページ）

before

え〜っ!　ホントに
書き込んでるみたい!
赤ペン広告で、
反応率が10倍に

after

BEFOREはごく普通の結婚式場の広告。
その翌月に出したのがAFTERの広告。
結婚式場を探しているカップルの女性が、
広告を見て実際に赤いペンでメモを書き込んでいるような
デザインとなっている。
この広告が読者に与えるものは……。（➡本文113ページ）

たった1枚手紙を同封。商品は変えずに、売上4倍!

の母の日ケーキ
色のイチゴチョコを薄くのばして
状に削った**飾り細工**を作り美しく、華やか
に飾りつけたケーキです
カーネーションをイメージしたケーキに仕上げ
た　**こだわりの職人技**
もちろん、台は　しっとり焼き上げた
スポンジにほんのり香るリキュール。
苺をサンドした　デコレーションケーキです。
こだわり職人が作る為数量
限定ですので、お問い合わせの上お早めにご予
約下さい

イズ「12ｃｍ」
1680円

こんにちは
シェフ　石田です
私が幼い頃、母が作ってくれた手作りおやつ、中でもフライパンで焼いてくれた
クッキーが大好きでした。中学の時カステラにホイップクリームで、ケーキを作っ
た、自分でも余り綺麗にできたとは、思いませんでしたが、それでも母は、それ
を美味しいと言ってくれた、母の喜ぶ笑顔、喜ばれる嬉しさを、知りました、
たぶんその時に、僕は
「ケーキ屋」をやろうと決めたのです。
この時期になると、その母の笑顔を思い出します。もうすぐ「母の日」
自分の母親の笑顔を心に思い浮かべてこのケーキを作りました
小さいケーキですけど　あなたのお母さんに届けてみませんか

「母の日のケーキ」が持つ意味はどこにあるかを考えてみよう。
おいしさ？　手頃な値段？　見た目の豪華さ？
それよりも大事なのは、ケーキを囲んで感謝の気持ちを伝え、
皆で楽しい時間を過ごすという「体験」。
だからこそ、スペックではなく、その背景にあるもの、
エピソードを伝えると価値が伝わるのだ。（➡本文74ページ）

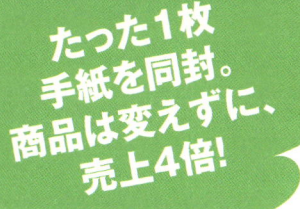

存在を伝えるだけで 1200万円の 売上が生まれた!

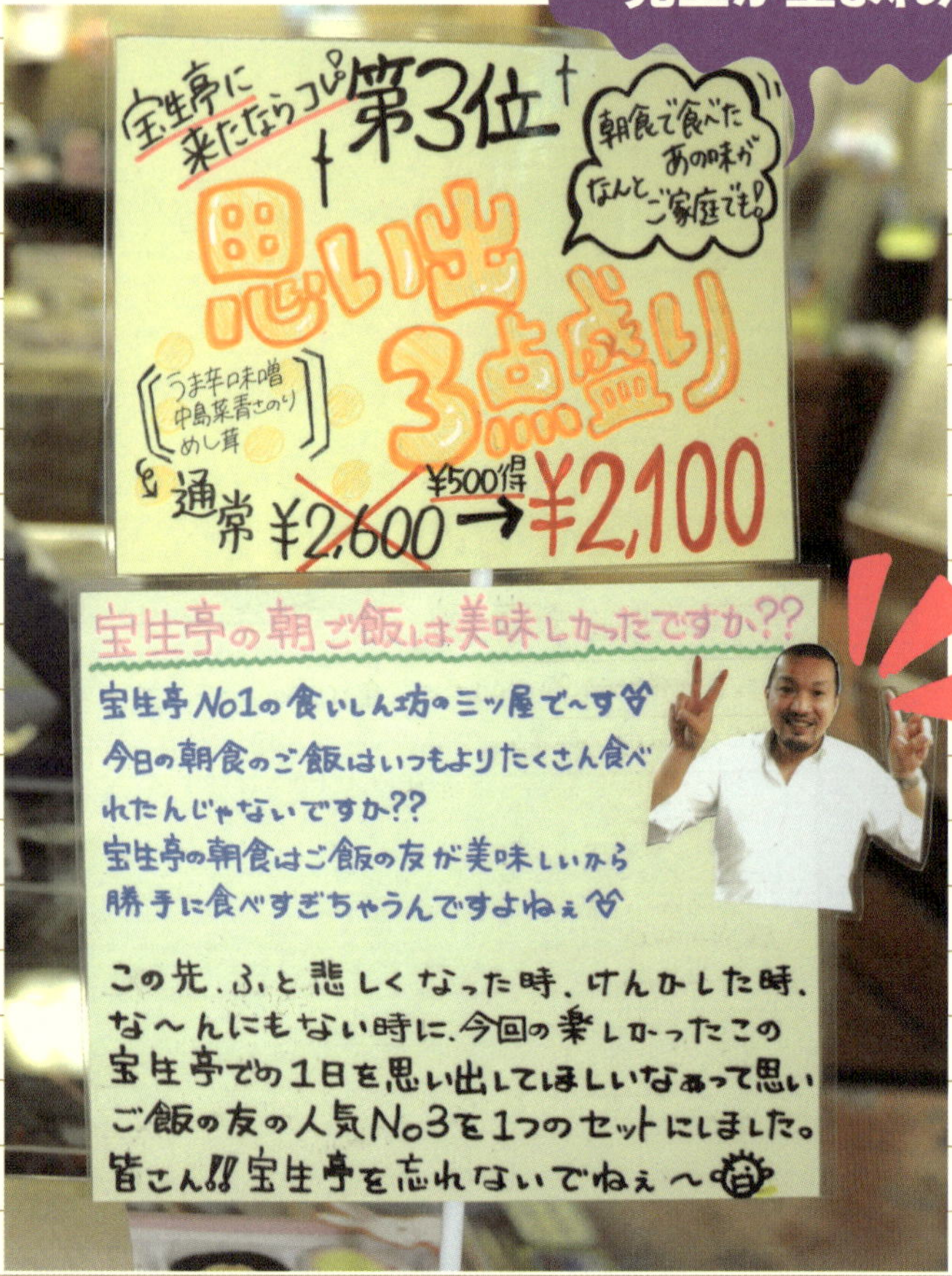

気づかないところで売れる機会をつぶしていることは多い。
「朝食に出た食品はここで売っています」と、
お客さまにPOPで教えてあげることで、
「旅の思い出」として商品がどんどん売れていくようになる。
（➡本文134ページ）

ターゲットを絞ることで、商品・サービスが独自化する!

初めてカットする赤ちゃんに絞り込んだサービスを展開。そこから、赤ちゃんの切った髪でつくった筆、赤ちゃんのいる家族にとってうれしい情報など、サービスを縦横に展開していく。そのシナリオが最終的に目指すのは……。

（➡本文181ページ）

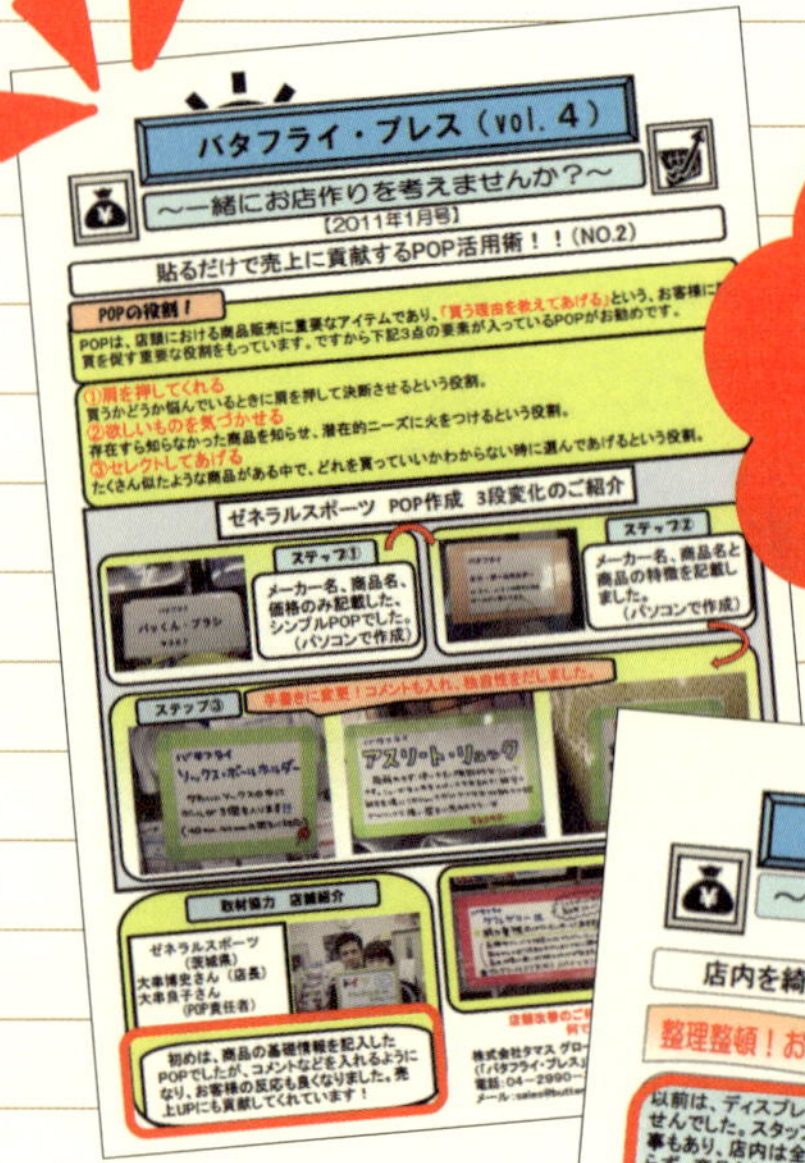

バタフライ・プレス（vol. 4）

〜一緒にお店作りを考えませんか？〜

【2011年1月号】

貼るだけで売上に貢献するPOP活用術！！（NO.2）

POPの役割！

POPは、店頭における商品販売に重要なアイテムであり、「買う理由を教えてあげる」という、お客様に購買を促す重要な役割をもっています。ですから下記3点の要素が入っているPOPがお勧めです。

①肩を押してくれる
買うかどうか悩んでいるときに肩を押して決断させるという役割。
②欲しいものを気づかせる
存在すら知らなかった商品を知らせ、潜在的ニーズに火をつけるという役割。
③セレクトしてあげる
たくさん似たような商品がある中で、どれを買っていいかわからない時に選んであげるという役割。

ゼネラルスポーツ　POP作成　3段変化のご紹介

ステップ①
メーカー名、商品名、価格のみ記載した、シンプルPOPでした。（パソコンで作成）

ステップ②
メーカー名、商品名と商品の特徴を記載しました。（パソコンで作成）

ステップ③
手書きに変更！コメントも入れ、独自性をだしました。

取材協力　店舗紹介

ゼネラルスポーツ
（茨城県）
大串博史さん（店長）
大串良子さん
（POP責任者）

初めは、商品の基礎情報を記入したPOPでしたが、コメントなどを入れるようになり、お客様の反応も良くなりました。売上UPにも貢献してくれています！

株式会社タマス グロー
（「バタフライ・プレス」
電話：04－2990－
メール：sales@butt

このニュースレターで BtoBの営業が 大成功!

バタフライ・プレス（vol. 5）

〜一緒にお店作りを考えませんか？〜

【2011年2月号】

店内を綺麗に！ディスプレイは見やすく！お客様に安心を！！

整理整頓！お客様目線で考える！

以前は、ディスプレイにはあまり興味がありませんでした。スタッフのほとんどが男性という事もあり、店内は全体的に整理整頓されておらず、商品もただおいてあるだけの状態でした。バタフライ・フェアでエクスペリエンス・マーケティングセミナーを受講して、ディスプレイの重要さに気付き、店内を見直しました。
特に、ウエアについては出来るだけデザインが見えるように工夫をし、ディスプレイ什器が、明るく清潔に見えるように工夫しました。

お客様に安心して来店してもらう為に！

お客様に、どのような販売店なのか伝える為に、さまざまな方法を活用しています。（ホームページや看板、黒板POPなど）
当店は、店舗が地下1階の為、初めてのお客様は店内に入ってくることに、すごく抵抗があるようです。
また、街行く人にも卓球場と卓球用品ならクニヒロ卓球というイメージをもってもらう為、黒板POPを活用し、初めての方にも、安心して店内に入ってきてもらえるように工夫をしています。

デザインを見やすく変更！

以前は、店名だけのシンプルな看板を路上においていました。
黒板POPにかえて、新規のお客様がお店をのぞいてくれるようになりました。すぐには売上につながりませんがキッカケづくりに一役かってくれています。

クニヒロ卓球
（東京都）
国広哲弥　社長

お客様には出来るだけ親しみやすいイメージをもっていただきたいと思っています。
そして気軽に、気持ちよく商品やサービスを見ていただきたいと思い、手書きの黒板POPや手書きPOPを採用しています。
また、出来るだけスタッフの顔と名前を覚えて欲しいと思い似顔絵やキャラクターを活用したPOPも採用し、お客様との距離を近くする努力をしています。

店舗改善のご相談、経験談などありましたら何でもお寄せください。

株式会社タマス　グローバル営業チームへご連絡ください。
（「バタフライ・プレス」を見たとお伝えください）

Butterfly

店頭での商品の並べ方や、POPの書き方など、
小売店の繁盛のコツが満載のニュースレター。
月に１度、自分が担当するお客さまに向けて発行を続けた結果、
業界内でスゴイことが起こった。それは……。
（➡本文59ページ）

はじめに◎共感をつくり出す顧客化のシナリオ

「時間は存在しない。存在するのは、瞬間だけである」

そういったのはロシアの偉大な作家、トルストイです。

確かに、ボクたちは今この瞬間だけしかとらえることができません。

そういう中で、ボクたちは明日を夢見て、よりよい未来を創り出そうと生きているのです。

ビジネスの輝く未来を創り出していくこと、それがマーケティングだとボクは思っています。


こんにちは。

マーケティング・コンサルタントの藤村正宏です。

今まで企業のマーケティング担当者は、自社の商品やメッセージをいかにユーザーに伝えるか、そればかりを考えていました。

反応のいい広告や販促物をつくりたい。たくさんの人に注目してもらいたい。そういう思考だった。

それはある意味必要なことではあるのですけれど、**状況は少し……というか、かなり変わってきています。**

テレビを観ていて、CMが入るとうんざりした経験を持つ方も多いでしょう。その間に飲み物を用意したり、トイレに行ったり。

今は録画機材が発達しているので、まとめて何百時間も録画できて、いつでも観ることができる。当然、CMはスキップしてしまいます。

リモコンに30秒スキップのボタンがありますから。

スキップできるのだったらまだいいのですが、インターネットの動画サイトYou

Ｔｕｂｅでは、スキップできないＣＭがある。

ＹｏｕＴｕｂｅで観たい動画の前にＣＭが入っていると、ほとんどの場合スキップしますよね。でも、問題なのはスキップができない設定になっているもの。

あれは逆効果になると思う。

せっかく自分の好きなアーティストの動画と音楽を楽しもうとしているのに、何分もＣＭを見せられる。

その会社や商品が記憶に残ります。絶対にこの会社とつき合うのはやめようって。

それって、思いっ切り悪いイメージを、お客さまになるかもしれない人に植えつけているということ。


これまでのマーケティングは、何とかお客さまの関心を惹きつけようと、さまざまな工夫をしてきました。

あなたの会社だけでなく、他の会社も、お客さまに関心を持ってもらおうと躍起になっている。


でも、人間の情報処理能力には限界があります。

情報過多の時代、どんどん反応がなくなってくる。

反応が薄くなってくると、もっと接触回数を増やそうなどと考えて、さらに広告をすることになる。

ますます、あなたの会社は嫌われる。

そういう図式になっているのです。


そう考えてみると、「買ってください、買ってください」と露骨な売り込みばかりしている広告は、最悪の結果に突き進んでいる。

「うちの商品、こんなにいいモノなんですよ」といえばいうほど、買ってもらえないという事態に陥ってしまうのです。


ボクが主宰するマーケティング塾の塾生さんの話です。

北海道旭川市で、「アスクドラッグ」というクスリ屋さんを営んでいます。

チェーン店ではない、個人の店です。

近隣には、大手安売りドラッグストアチェーンの店が何店舗もあります。

そんな中、安売りせずに、しっかりと利益を上げ続けている薬店です。

たとえばこの店では1050円の石鹸が飛ぶように売れる。

その石鹸のメーカーによると、北海道で一番売れる店でも、ひと月に30個くらいが限度です。

でも、アスクドラッグでは一時期、ひと月で128個も売れ続けていた。

それはどうしてでしょう。

いきなり、1個1000円以上の石鹸がコンスタントに売れませんよね。

アスクドラッグは、既存客とのつながりが強いお店なのです。

カンタンにいうと、リピーターが多い。

今の時代、繁栄したり成功したりするためにはリピーターがとっても大切なのです。

ニュースレター、メールマガジン、ソーシャルメディアなどで交流を続けている。

そしてリアルの場（お店）でもコミュニケーションをしている。

それによって共感と信頼が生まれて、高い石鹸でも売れるのです。


売り込んでも売れない、売り込みが嫌われる時代になりました。

時間をかけて、共感をつくり出していく。そうしなければ売れない時代なのです。

そのためには「共感」を軸にシナリオを４段階で構築していくことが重要です。


【シナリオの第1段階】「個」を出して発信する

情報を発信して興味のある人を集めます。

ここでいう情報とは、ターゲットになる人が関心のある情報です。決して、あなたの商品や会社の情報ではありません。

お客さまの問題を解決する情報。あなたがプロとして発信できる情報。

そういう情報を、販促物や広告、ホームページ、ニュースレター、ブログ、ソーシャルメディアなどなどを使って発信します。

【シナリオの第2段階】共感・信頼・好きになってもらう仕組みをつくる

発信だけでなく、交流することが大事です。ソーシャルメディアではコメントを返すとか、リアルのイベントを企画するとか、情報を発信するだけでなく、コミュニケーションがポイントになってきます。

そういう交流をしているうちに、お客さまはあなたに共感し、あなたを信頼し、好きになってくれます。そういう状況になって初めて、人はあなたの商品を欲しいと思うのです。

【シナリオの第3段階】購入・契約の行動を促す

共感が生まれたり、好きになってもらうと購入してもらえます。

ただし、待っているだけでは購入に結びつきません。お客さまのアクションにつながるような工夫が大切です。

具体的には、忘れられない工夫、存在を伝える工夫などです。

【シナリオの第4段階】顧客化・コミュニティ化をはかる

次は購入してくれたお客さまとの関係性をつくる段階です。

一度でも買ってくれたお客さまは、あなたが提供してくれた情報や商品に関心がある人です。

ソーシャルメディア、メールマガジン、ニュースレター、ダイレクトメールといったツールを使って、関係性を保ち続けるのです。

そうするとリピート購入をしてくれるお客さまも増えてきます。

そういう人たちを死ぬほど大切にしていく。

あなたのお客さまをファン化することです。

さまざまな工夫をして、ファンにしていきましょう。

特別なイベントを開催したり、特別な特典を用意しましょう。

こういうシナリオを立てて行動していると、あなたを中心とした「コミュニティ」ができあがっていきます。

コミュニティができあがると、売れるようになります。

関係性が深ければ深いほど、あなたの商品は売れるのです。

さらに、紹介や口コミなどで新規客も増えていくのです。

これが「顧客化」するシナリオです。

商品を売る流れを、こんなふうに考えてみてください。

いきなり買ってもらうというのは難易度が高いし、セールスコストもかかります。

焦らずに、顧客化シナリオを描いて、行動してみましょう。

最初は小さな成果かもしれません。

でも、こういう「意図」を持つのと、持たないのとでは将来の展開が大きく違ってきます。

お客さまを〝一生のお客〟にしていくこと、それが、あなたの目的なのですから。

２０１３年６月

藤村正宏

「高く」売れ！「長く」売れ！「共感」で売れ！　目次

第1章

あなたのお客さまは「安売り」なんて望んでいない！

「買う理由」が伝われば高くても売れる

第2章

選ばれるための「価値」を伝えよう！

【シナリオの第1段階】「個」を出して発信する

第3章

お客さまは「関係性」の深い人からモノを買う！

【シナリオの第2段階】共感・信頼・好きになってもらう仕組みをつくる

第4章

お客さまが買いたくなるきっかけをつくろう！

【シナリオの第3段階】購入・契約の行動を促す

第5章 ゆるく、深く、長くつながれば圧倒的に売れていく!

【シナリオの第4段階】顧客化・コミュニティ化をはかる

第6章

時代は変化する。あなたも変化しよう！

新しいマーケットをつくり出すのはお客さま

装幀／本文設計・DTP……ホリウチミホ（nixinc）
編集協力……花田亜以・置塩文

第1章

あなたのお客さまは「安売り」なんて望んでいない!

「買う理由」が伝われば高くても売れる

01

POPにひと言添えただけで客単価が1000円アップした花屋

「安売り」が当たり前の時代が続いています。

でも、価値をしっかりと届ければ、安売りしなくても適正価格で販売できます。

そもそもお客さまは本当に安売りを望んでいるのでしょうか?

「安くしないと、売れない」
「お客さまは高いモノは買ってくれない」

実はそういうのは、
売っているほうの思い込み、ってこと。

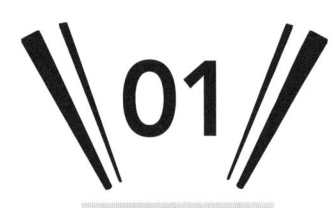

売っているあなたがそう思い込んだら、安売りから脱却することは永遠に無理です。安売りスパイラルにはまり込んで、働いても、働いても、暮らしは楽になりません。

こういうことがありました。

商工会議所のボクのセミナーで学んだある会社の社長さんが、報告してくれたお話です。

その会社は墓石や仏花を販売している会社なんですね。

霊園のすぐ隣に大きな店がある。仏花を売っています。

商品の価格帯は、1000円、2000円、3000円です。

以前は「3000円の花はあまり売れないから」ということで、花の展示数を次のようにしていました。

1000円　7割
2000円　2割
3000円　1割

でも、ボクのセミナーを聞いていて「あっ！」と目からうろこが落ちたそうです。
その日から仏花の展示方法を変えました。

1000円　2割
2000円　3割
3000円　5割

そう、一番高価な花を、一番目立つようにたくさん展示したわけです。
さらに、ＰＯＰをつけた。

「年に一度のことですから、ご先祖さまに豪華な花をお供えしてあげてください」

そうするとどうでしょう。
圧倒的に３０００円と２０００円のお花が売れるようになったそうです。

それまで仏花の客単価はだいたい1300円でした。

今は2400円になったんです。

以前は本当に3000円の花は売れていなかった。

というか、店側が勝手に思い込んでいたわけです。

「仏花は安くしなけりゃ、売れない」と。

でも、お客さまは、ご先祖さまに供える花を安くあげようと思っている人ばかりではなかった。

さらに、「年に一度のことですから」といわれると、

「そうだよな、年に一度、お祖父ちゃんとお祖母ちゃんに、いい花を供えればいい供養になるよな～」

と思って、高い花を買ってくれる人もいるってことです。

ここでのお客さまは、**花というモノではなく、ご先祖さまへの弔いの気持ち、という体験を買っている**というわけです。

02

「新規の方は50%オフ」。それが大きな間違いです

なかなか売上が上がらない。利益が出ない。

そうなったときに新規客の獲得ばかりに目を奪われてはいけません。

平均的な企業は既存客をたくさん失っています。

その既存客の流出を補うために、新規客を獲得するわけです。

もちろん、新規客の獲得も大切なことですが、それだけにフォーカスしてしまうと、重大な損失を出してしまうこともある。


マーケティングの世界ではよくいわれていることがあります。

新規客獲得のコストは、既存客を維持する場合と比べると、5倍から10倍かかる。

だとしたら、既存のお客さまの流出で失った利益を、新規のお客さまで補うことは

難しくなるわけです。

だから、新規客よりも、おなじみさんを死ぬほど大切にするほうがいいわけです。

そのためにあなたの会社は何ができますか？

売上至上主義で、新規客ばかりに目を向けていると、おなじみさんへのケアが手薄になって、既存客流出の割合が大きくなってしまう。

そうなったら、**売上が上がっても、利益が少なくなっていく**ということです。

ある有名な全国チェーンの美容室の店頭に、

「新規の方、カット料50％オフ」

というキャンペーンの案内が掲示されていました。

信じられませんでした。

ということは、2回目からは100％の料金を払わなきゃいけないということです。

1回目が安くて、なんで2回目から正規料金を払わなければいけないのだろう。きっと店としては一度体験してくれたら、リピートしてくれるだろうと期待しているのでしょうが、そんなことありません。

こういうことをやっちゃうから、お客さまが来なくなっちゃうんです。

でも、美容業界ではこういうことが常態化している。

だから業界自体が疲弊《ひへい》して、どんどん悪い状況になっていくわけです。

優遇するのなら、初めてのお客さまではなく、既存顧客です。

しょっちゅう使ってくれるお客さまは、放っておいてもリピートしてくれると思ってはいけません。

絶対にそんなことはない。

さらに、顧客満足度を高めたらリピーターが自然に増えるかといったら、そんなこともありません。

リピーターをつくりたかったら、仕組みづくりが必要なのです。

これは美容業界だけの話ではありません。

おなじみさんをないがしろにするキャンペーンや販促、ソーシャルメディアの活用は、これからの時代、お客さまを逃がしてしまいます。

そんな店や会社が繁盛したり、成功したりするわけがありません。


お客さまの生活の中に、あなたの会社や店がどれだけ存在できるか。

お客さまの心の中に、あなたの会社や店がどれだけ占有できるか。

まさに、市場シェアよりもお客さまのマインドシェアを高めることが大事なのです。

売上を見るよりも、お客さまのほうを見ましょう。

お客さまに優しい愛情を向けてあげましょう。

リピーターになってもらう仕組みづくりの努力をすることです。

03

「夏に鰻」の時代はもう戻らない

リピーターを増やす仕組みをつくり出すためには、マーケティングの考え方も変える必要があります。

わずか数年前に機能していたマーケティングは、ビジョンを決め、消費者向けのシナリオを企業がコントロールしながら実施することでした。

しかしながら現代は、ソーシャルメディアがコミュニケーションをカンタンにし、人々の考え方や行動に大きな影響を与えるようになりました。

生活者がコミュニケーションをコントロールする割合が、大きくなってきた。

マーケティングやブランドを企業側の意図でコントロールすることが、なかなか難しい時代になったってことです。

昔なら、流行を意図的につくり出すことも容易でした。

たとえば、**旬ではない夏に鰻を消費させるために「土用の丑の日」に鰻を食べることの効果を宣伝した、江戸時代の平賀源内**のように。

菓子メーカーが、ヴァレンタインデーにチョコレートを贈ることを習慣にしたように。

でも今は環境が劇的に変わりました。

もはや、大衆操作で流行をつくることは難しくなった。

流行というのは消費者自らがつくり出すものになったってことです。

２０１３年にある広告代理店が流行を仕掛けて、もろくも崩れ去ったマーケティングがありました。


××総研が首都圏在住の15〜29歳の男女３００人を対象に行った「感謝の伝え方」

に関する調査で、イマドキの若者たちに、「『ありがとう』と伝える代わりに、お菓子やあめなどを渡す」習慣があることがわかった。

××総研はこれを「サンクスキャンディー」と定義。

調査によると、全体の53・5％の人たちがこの行為を行っており、特にフェイスブックのヘビーユーザーではさらに高い72・0％にのぼったことがわかった。

２０１３年３月８日付【宣伝会議】のニュースサイトより抜粋して引用

http://www.advertimes.com/20130308/article104161/

××には、誰でも知っている大手広告代理店の名前が入っていました。

でも、いくら大きな会社が発信しているにしても、ボクはそんな流行は聞いたことがなかった。

そう考える消費者も多かったのでしょう。流行をつくろうと思って、情報を操作しているんじゃないかという声が、ツイッターや掲示板で沸き起こりました。

「ねーよｗｗ」

「そんな文化知りません」

「今どきの若者じゃなくて、昔っからあるおばちゃんの習慣だろ」

こんな感じです。


ボクもフェイスブックの個人ページで聞いてみました。

みんな知らない。若者も知らない。だ~れも知らない。


あくまでもボクの見解ではありますが、未だにこういう手法を使って流行をつくり出せるというメンタリティが信じられません。時代を読めなくなっているわけです。

こういうキャンペーンを、真剣に有用だと考えるクリエイターが、決定権のあるポジションにいるのだとしたら広告の未来も暗いです。


マーケティングも同じことがいえるかもしれません。

これからはマーケティングの概念を見直す必要がある。

マーケティングは、ある種のいかがわしさをもって生まれた科学でした。

大衆の行動や心理を操作して、モノを買ってもらう。

こういうキャッチコピーを使えば目を惹くとか、こういうイベントをしたらお客さまが集まるとか、大衆操作的な部分があることは事実です。

もちろん、これからもそういうコトは機能するだろうし、必要であるというのは否定しません。

でも、これだけソーシャルメディアが浸透した時代、新たなマーケティングの考え方をしていかなければならないことも事実なのです。

生活者が自らマーケットをつくり出すようなマーケティング。

人々が自ら共感して、そこにコミュニティが発生して、新しいマーケットができていく。

そういったマーケティングが、大きな存在になっていく時代です。

04 お客さまの「共感」を呼べば好循環が生まれる

「川名リフト」というフェイスブックページをご存じでしょうか。
一部の人にちょっとしたブームになっています。
一部の人っていうのは**写真館業界を中心にした限定的範囲のブームです。**

カンタンにいうと、ラーメンの麺を箸で持ち上げた画像（これをリフトと呼びます）を公開するサイト。たくさんのリフト画像が掲載されています。
ラーメン、蕎麦、うどん、スパゲッティ、冷麺……さらには、麺類だけではなく、唐揚げ、エビフライ、カレーなどなど。さまざまな人が、さまざまに自分が食べた料理のリフト画像を投稿しているのです。

このページができた経緯は、ボクたちに大切なことを教えてくれます。

最初、こういう画像をリフトと名づけて、フェイスブックで投稿していたのは、福島県会津若松市にある「小林写真館」の常務、田中将さん。

それを見て、麺類好きの川名恒太さん、昼食に食べたラーメンの写真をアップするようになった。川名さんは、**カメラのキタムラの関連企業「株式会社ラボネットワーク」**の営業マンです。

友人から川名さんの話を聞いていた、田部文厚さんというフォトグラファーがいました。ブライダル動画やフォトアルバムの製作をしている「トリニティブライダル」のオーナーです。

田部さん、**最初は「ばかだな～（笑）」と思っていたんですが、気になり始めた。**そして自分でも気がつくわけです。川名さんのリフト写真を期待していることに。

田部さんはラボネットワークの櫻井均社長はじめ役員陣ともフェイスブックでよく交流していた。あまりアルバムの発注ができない分、川名さんを有名にして、仲よく

リフト、リフト、
リフト……
お客さまを
巻き込んで交流。
営業に好循環！

お客さまの共感を呼ぶようなたくさんの発信を継続する。
そして見てくれている人と積極的に交流する。
結果的に、ビジネスの好循環となっていくのだ。

させてもらっている櫻井さんに恩返しと考えました。実は櫻井社長も自ら面白がってリフトしていたんですけどね。

ラボネットワークというのはプロ用の写真をプリントアウトするプリント会社です。ですから、川名さんの営業相手、お客さまは写真館とかプロのカメラマンなんですね。

そして田部さんは、「川名リフト」というフェイスブックページをつくることにしたのです。

食べ物をリフトして撮影したりするのは昔からよくありますけれど、川名さんの写真はラーメンが好きだっていう気持ちが伝わるものです。
川名さんの心境がリフト具合に反映されるので、そこにツッコミを入れる形でフェイスブックページがぐんぐん面白くなっていきました。
田部さん「なんか今日のリフト、下手じゃない？」
川名さん「近くにヤンキーがいたから絡まれるのが怖くてうまくいきませんでした。リフトの乱れは心の乱れ」

こんな感じでコメントし合ったりするうちに、写真業界を中心に、少しずつ投稿が増えていったのです。

今ではどんどん発展していって、麺類以外に、唐揚げのリフトまで登場してきた。

「唐揚げテロリフト！　明日はみんなで唐揚げ食べよう！」

こんな感じで、みんながリフト写真を撮ってアップし始め、写真館業界で見ている人がどんどん広がり、今ではすっかり人気のページです。

その結果、何が起こったかというと……、川名さんから聞いたのですが、

「フェイスブックページがきっかけで、従来のお客さまはもちろん、**自分の担当エリア外からもお声がけいただく機会が増えました。**自分でも不思議なくらいです」

たとえば栃木県のある町の写真館に飛び込み営業をしたときのことです。

その写真館のオーナーさんが、「あれ？　どこかで会ったことありました？」と訊いてきたそうです。まったく初対面の人だったので、初対面です、と答えると、急にそのオーナーさんが、「あ、あのリフトの人ですよね」と、うれしそうにいったそう

です。

この写真館のオーナーは「川名リフト」を見ていたんです。

それで、新規の取引が始まったんです。


川名さんが面白がって、リフトの写真をフェイスブックに掲載していた。

それを見たお客さんの田部さんが面白がってページをつくり、それがどんどん広がっていった。


結果的に川名さんの営業がものすごくやりやすくなって、新規客も増えている。


楽しんでやっていることがお客さまに伝わっていき、お客さまを巻き込んで楽しんでいくうちに、頼みもしないのにお客さまのほうからフェイスブックページをつくってくれ、そこに共感する人たちのコミュニティができた。

これがこれからのマーケティングの、ある意味、真理なんだと思います。

先ほどの「サンクスキャンディー」とはまったく違う発想です。

企業主語ではなく、顧客主語。

これがこれからのマーケティングの重要な概念になっていきます。

あ、でも勘違いしないでくださいね。

「フェイスブックにいつも同じような写真をアップして、それに名前をつけてページをつくっていくとお客さまが増える」という短絡的な話ではありません。

カタチを真似しても、それは薄っぺらいものになってしまいます。

本質を見て、それをしっかりと学んでください。

ここでの「本質」とは、個人を出して、お客さまの共感を呼ぶようなたくさんの発信をしていくこと。そして見てもらっている人と交流することです。

結果、「川名リフト」のような好循環が起こっていくということです。

05

BMWは誰にミニクーパーを売ったのか？

あるデータによると、**生活者は、インターネットでコンテンツを閲覧する時間より、SNSなどで交流する時間のほうが増えている**そうです。

だから、これからのマーケティングを考えるときには、人がウェブ上でどういう行動をとるのかを理解することが、とっても大切になってくるのです。

人がウェブ上でとる行動とは、たくさんの人から情報を受け取り、自身でも発信し、さかんにコミュニケーションするということです。

そして多くの人は、ごく近しい人間の情報をもとに、行動しているのです。

となると、**企業も生活者にただ「役立つ情報」を届けるだけではやっていけません。**

発信して終わりではなく、その情報を受け取る人とコミュニケーションすることが非常に大切だということ。

コミュニケーションは人と人との間で生まれます。企業と人との間では生まれない。一方的な企業サイドの情報発信は、コミュニケーションではないのです。**ウェブはまさに、人が中心の社会になりつつあるということです。**

だからこそマーケティングの考え方、やり方を変えていかなければなりません。

どういうふうに変えるのか。

「コミュニケーション」がキーワードになります。

あなたの想定しているターゲットのお客さまに有益な情報を提供して、さらに交流する。そして、その交流に、お客さまの親しい関係にある人々も巻き込むという考え方です。

そういう考えのもと、**BMWがアメリカで実施したミニクーパーのマーケティングキャンペーン**があります。

BMWはミニクーパーの新しいモデルを発売するときに、不特定多数の人々をターゲットにしませんでした。

クルマ好きの客でもなく、BMWの客でもありません。

すでにミニクーパーを持っているオーナーに、DMなどを使って新商品のアプローチをしたのです。

ミニクーパーのオーナーは基本的にミニクーパーが好きです。

彼らの友人に影響を与えることができるのではないか。

ストレートにいうと、きっと新しいミニを、友人にすすめてくれるのではないか。

そう考えたわけです。

このキャンペーンは、これまでのマス・マーケティングのキャンペーンに比して、大成功しました。実に新しいマーケティングの概念です。

人は誰しも、誰かとつながっています。
そのつながりにアプローチして受け入れられると、マス広告よりも効果を発揮するわけです。

マーケティングの考え方を根本から変えなければ、企業も組織も個人も、これからの時代に順応できなくなる。

そういう時代なのです。

06

競合しないことでお客さまから支持されるホテルチェーン

世の中の価値観が変わりました。

以前は競合他社との違いを出したり、価格でライバル会社のより下を狙ったり、差別化しようと躍起になっていた。

まだそう思っている企業もあるでしょうけれど、その考え方はもう通用しなくなっている。

多くの人がギスギスとした社会に嫌気がさしています。

利益至上主義が、本当にいいことなのだろうか。

自分だけがよかったら、それでいいのか。

そういう疑問を持った人や企業が出てきています。

「競い合う」よりも「補い合う」、そういう価値観になっている。

そのことを認識しなければ、知らず知らずのうちにお客さまから支持されない会社になってしまいます。


北海道で10のリゾートホテルを展開して人気を集めている「鶴雅グループ」という会社があります。

本社は釧路市の阿寒湖温泉です。

大型の観光ホテル、シックな温泉ホテル、超高級リゾートホテル、カジュアルなリゾートホテルなどなど、すべて個性の違うホテルです。

もう長い間、ボクのクライアント。

わずか2つしかホテルがなかったときからのおつき合いです。

この鶴雅リゾートには一貫したコンセプトがあります。

それは、戦わないこと。

「戦略というのは、戦いを略すこと。最大の戦略は戦わないこと」

戦わない、競合しない、そういう個性を出すことで、お客さまから選んでもらう。

観光業は戦ってはいけないいってことを、ずっと経営方針にしている。

たとえば、同じ観光地にあるホテル同士が競い合ってお客さまを取り合うなんてことをしていたら、いずれその観光地は衰退する。

それぞれの個性を発揮し、協力したり補い合って、自分のところの観光地を盛り上げていこう。そういう考え方です。

たとえば、ボクがコンサルティングに行くと、時々セミナーをします。

社内の研修や、鶴雅にインターンシップで来ている、観光学を学んでいる大学生さんたちが参加者なのですが、その際に競合のホテルや近隣の店舗の人を招待する。

もちろん無料です。

ボクの話を聞いて、少しでもお客さまを集客できたり、売上を上げてもらいたい。

そして、阿寒湖を観光地としてもっと活性化したい。

阿寒湖に来る観光客が増えたり、ファンが増えることで、結果自分の会社にもいい。

そういうコンセプトが一貫しているわけです。

現在、鶴雅グループの社長大西雅之さんは一貫して「北海道の魅力」を発信し続けています。

阿寒湖の観光を活性化する前に、道東観光を活性化しなければならない。

さらに道東観光が盛り上がるためには、北海道が世界に向けて魅力を発信しなければならない。

その一例は、フェイスブックで見ることができます。

鶴雅グループが企画、運営しているフェイスブックページ**「北海道観光の穴場教えてあげる！」**です。

このページの目的は、観光客の皆さんに、ガイドブックには載っていない、絶景ポイントや、おいしい食べ物、素晴らしい店や施設、そういうものをもっと知ってもらいたいということです。

北海道好きが、どうしても知ってもらいたい場所や物事。それをたくさんの人が投稿しています。

もちろんライバルのホテルからの投稿も掲載しています。

北海道のよさをもっともっと知ってもらうことが目的ですから、ライバルだとか競合だとか、そんなことは関係ありません。

少しでも北海道を好きになってもらいたい。

そういう思いがあふれているフェイスブックページです。

自社の利益ではなく、全体の利益を考える。そんな社会の流れになってきています。

会社というのは、社会のために、生活者のために存在するのです。そして、そういう考えを持てる会社が、結果として、お客さまに選ばれ繁栄していきます。

第1章のまとめ

☑ 安売りは売っている側の思い込みに過ぎない

☑ お客さまの心の中に、あなたの会社やお店がどれだけ占有できるかを考えよう

☑ お客さまの共感を呼ぶような発信をすること、そしてお客さまと交流すること

☑ お客さまから選んでもらうには戦わない、競合しない個性を出そう

第2章

選ばれるための「価値」を伝えよう!

【シナリオの第1段階】「個」を出して発信する

01

「万年筆にあって冷蔵庫にないもの」は？

これからの時代、独自の価値がなければ選ばれません。

独自の価値というのは、あなたの会社や商品がブランドになるということです。

ブランドになっていなかったら、〝コモディティ化〟するだけです。

コモディティとは、カンタンにいうと、個性がないこと。

それは安売りの対象になって、価格競争に巻き込まれてしまいます。

あなたの会社や店がブランドになっていたら、少々高くてもお客さまから選んでもらえるのです。

たとえば薄型テレビを考えてみてください。

同じ画面サイズの、パナソニック、シャープ、ソニーの薄型テレビが3台あるとします。社名ロゴを削り取って、どれがどの会社のものかわからなくなっています。

それぞれ素晴らしい商品ではありますが、使ってみて、どれがパナソニックで、どれがシャープで、どれがソニーかわかる人はあまりいないと思う。

これがコモディティ化です。


製品的な有意差はなくなっているということ。

現代社会は製品が「コモディティ化」しやすいのです。


それに比べて、万年筆はどうでしょう。

ペリカン、モンブラン、デルタ、シェーファー、パーカー、日本でもパイロットやプラチナ、セーラーなどがあります。

それぞれのメーカーに独自の物語があり、こだわりがあり、歴史があります。

そういった意味で、万年筆は「コモディティ化」しにくい商品といえるでしょう。

よく、ブランド構築というようなことをいいますが、ブランドは構築するものではありません。

ブランドイメージは築けるかもしれませんが、ブランドイメージとブランドとは、まったく異なるものです。

たとえば、いつもイメージのいい広告を打っていて、サービスや顧客満足度もナンバーワンと謳われる高級旅館に泊まったら、カタチばかりのサービスでまったく心がこもっていない。それでは、お客さまの失望度は高くなり、ブランドイメージがいいこと自体が逆効果になってしまいますよね。

ブランドはモノではありません。
継続的に共感される、思想のようなものです。

モノを売っているという考え方の企業には、決してつくれないのです。

だから、モノではなく、体験を提供するという視点が大事だということです。

「個」を出して発信をしていく際にも、これは大切な観点となってきます。

02

「日本一の平社員」がダントツの存在になった秘密

東京・阿佐ヶ谷にある株式会社タマスは世界的に有名な卓球用品メーカーです。

世界選手権やオリンピッククレベルの選手のなんと6割ほどが、タマスのラケットを使っています。

日本が誇る、スポーツ用品メーカーです。

この会社の営業マン、橋本慶一さん。

ボクが主催するマーケティング塾に自費で勉強しに来ていました。

橋本さんの営業先は「卓球専門店」や「スポーツ用具店」です。

いわゆる法人営業、BtoBの営業です。

「B to Bの営業はB to Cの営業に比べれば、カンタンだよ」

塾の合宿のときに、橋本さんにそう伝えました。

彼は内心、「そんなわけないじゃん」って思ったそうです。

「B to Bの営業はB to Cの営業に比べれば、カンタン」——これはボクがさまざまなところで発信していることです。

B to Cの場合、個人がモノやサービスを買う理由を考えてみると、ひとつではなくてたくさんあります。所有したい、安い、癒《いや》される、気持ちいい、面白い、デザインがいいなどなど。

ニーズが多様でよくわからないわけです。

でも、法人（企業）がモノやサービスを買う理由は、たったひとつしかありません。

「利益を上げたい」。これだけです。

ニーズが明確なんです。

だから、そのニーズを満たしてあげることをしなければならないんです。

「BtoB営業は、お客さまの利益に直結するような活動をすることなんだよ」

橋本さんにそう伝えたんです。


それを聞いて、橋本さんは考えた。

ボクのお客さまにとって利益って何だろう?

ボクがお客さまに提供できることってなんだろう?

そうか、お客さまの店の売上を上げるお手伝いをすることだ。


そう思った橋本さん、売上を上げるために役立つ情報を発信しようと決めました。

当初、会社に相談せず、お客さまに月に一度、「バタフライ・プレス」というニュースレターの発行を始めました。なかには彼が学んだ小売店のマーケティングのことが書いてあります。

売上を上げるためには、ＰＯＰが大事です。

ＰＯＰはモノではなく、コト（体験）を書くのが売れる秘訣です。

売れるディスプレイのポイントは△△です。


こうした情報を掲載して5号まで発行した頃に、お客さまから、

「橋本さんのいう通りにＰＯＰをつけたら、売れ行きがよくなったよ」

「店舗内を整理して、商品をわかりやすく展示したら、売れました」

こんなうれしい報告が次々に入るようになった。


結果、「バタフライ・プレス」が口コミで業界内の知名度を増していくわけです。

当初、会社に相談せずに発行した「バタフライ・プレス」ですが、会社の許可が出て、これはいいコトだということで、今ではオフィシャルで発行しています。


さらに橋本さんは、自分のブログを毎日2～3回、更新しています。

ターゲットは自分のお客さま。

内容は、売上を上げるヒントや、彼が日々の生活で気づいた看板やチラシといった販促物のこと、ＰＯＰの書き方などなど。これも毎日続けることで、お客さまがたくさん読んでいます。

同じ情報でも、**橋本さんのフィルターや人柄を通して発信されることで「独自の価値」になっていく**のです。

どちらから買いたいですか？

もしあなたが卓球専門店の店主だと想像してください。

毎回毎回「買ってください」「新製品が出ましたのでよろしくお願いします」「うちの商品の棚をつくってください」と売り込みばかりしてくる営業マン。

橋本さんのようにいつもいつも、あなたの店の繁盛を思い、たくさんの情報を気前よくくれる営業マン。

当然、橋本さんのような営業マンとつき合いたいですよね。

これがＢtoＢ営業の基本真理です。

今、橋本さんはお客さま同士をつなげるプロジェクトを自ら企画してやっています。

フェイスブックのグループで、橋本さんが卓球業界を盛り上げようとお客さまに呼びかけ、卓球専門店や問屋さんが参加しています。

フェイスブック上だけではなく、リアルでイベントを開いたり、集まって情報交換をしたり、飲み会をしています。

結果的に橋本さんを中心にお客さまとの間で**「卓球業界活性委員会」というコミュニティができあがっている**のです。

企業に勤める人であっても、「個」を出すことで共感を生み、自身がブランドになっていく。共感されてコミュニティが完成する。さまざまな気づきを与えてくれる事例です。

03 売上600%アップにつながったPOP

福岡県久留米市で薬局「ドラッグ愛敬《あいけい》」を営む塾生の内野正貴さんも、「個」を出すことに取り組んで売上を上げているひとりです。

POPでなんと売上が600%アップしたという商品があります。

それまでも地元に親しまれている薬局ではありましたが、お客さまに対して、お店側の個人的なことを出してPOPを書いたりするのは失礼なのではないかと思っていたそうです。

でも、ボクの講演を聞いていろいろな人が販促物に「個」を出して成功しているのを知って、自分でも個を出して発信してみるようになったのです。

売上600％アップの商品というのが大正製薬がＡＧＦとの共同開発でつくった、特定保健用食品にもなっている「ファットケア　スティックカフェ」という顆粒のスティック状のものです。脂肪を分解する成分が入っていて、コーヒー味でおいしいんです。

ボクも食後に飲んでいます。

大正製薬、ＡＧＦという信頼できる会社がつくっているいい商品でも並べているだけでは売れないいんですね。そこで、内野さんは手書きのＰＯＰにこう書いて、商品を飲む自分の顔写真を載せてみた。

美味～♡
コーヒー大好きの僕が味は保証します！
体脂肪が気になるあなたに～!!
体脂肪が気になる方専用の美味しいコーヒーが出ました！
脂肪の吸収を抑える成分配合、せっかくだもん…

スペックの説明よりも、
お店の人が個を出して
おすすめすることが
効く!

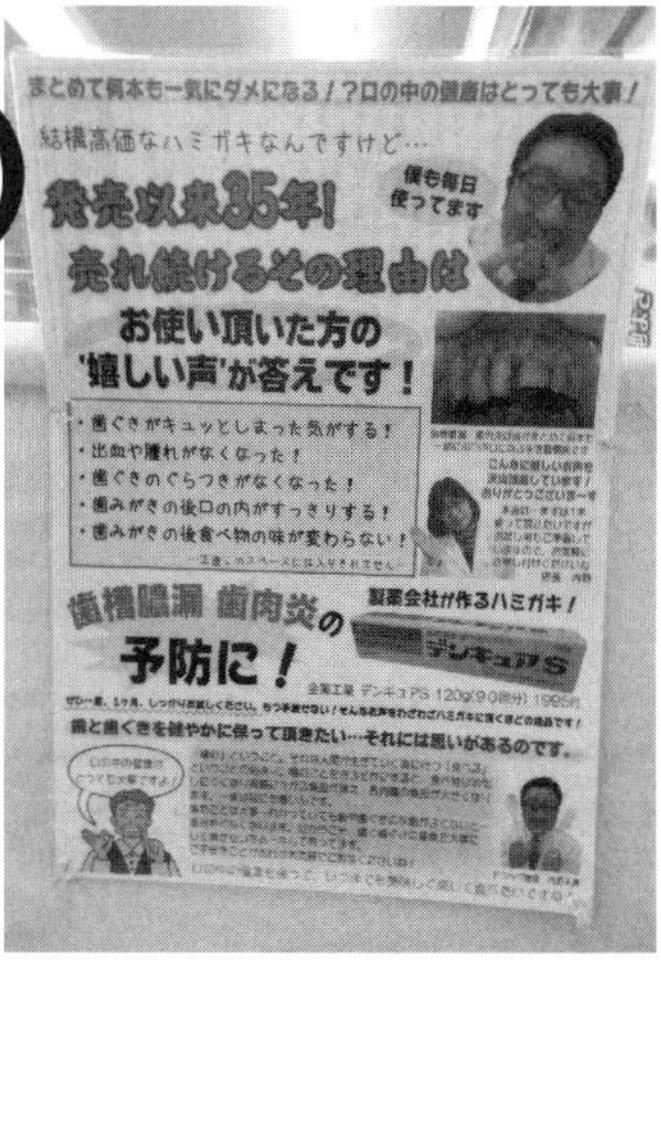

自分の顔を出して、
ターゲットに呼びかける。
お客さまの強い信頼につながる
販促物の鉄則だ。

「わー体脂肪減りよる～」ってコーヒー飲みませんか？

大正製薬（↑安心！）

フィットケア

30包（15日分）２９４０円

これで売上が６００％アップです。

ターゲットに呼びかけ、専用ということで価値を高め、自分の顔を出しておすすめすることで商品の信頼と自信が伝わり、最後に行動を促しています。

こちらの薬局ではニュースレター、ハガキ、ブログなどいろいろな媒体を使って情報を発信していますが、すべてに「個」を出して、それぞれの発信が店舗でもつながりを感じてもらうようになっています。

自分が好きなもの、実体験して気に入ったものというのはおすすめしやすく、お客さまに伝わります。

実はこのPOP、大正製薬さんには申し訳ないのですが、「ファットケア」という商品名を「フィットケア」と間違えて書いているんですね。

でも売れているということは、**店頭のPOPでは商品名に最大のポイントがあるわけではないということでもあります。**

このPOPはある意味、内野さん個人がおすすめしているということになります。商品よりもお店の人がおすすめしてくれるほうが、より価値が伝わりやすくなるということなのです。「個」を出して発信することが大切です。

04

自分が好きなことをどんどん仕事に結びつけよう

北海道の塾に来ていた中小企業診断士の乗山徹さん。

最初はすごくカタい人でした。

彼を知っているある社長は、「乗山さんって、真面目すぎて話しづらいんだよ」といっていたほどです。

ところが、塾のコースが修了した後、同じ社長がこういいました。

「乗山さん、どうしたんだろう? すごく楽しそうで、話もすごく面白くなった」って。

どうして彼は、劇的に変身したのでしょう。

実は、塾で乗山さんに、過去のことをいろいろ聞いたんです。

「趣味は何ですか?」とか「昔、どんなアルバイトやっていましたか?」とか「子供の頃、何をするのが好きでしたか?」とか、個人的なことをたっぷり尋ねたんです。

そうしたら、昔からバンドをやっていて、音楽が大好きだということがわかった。

北海道釧路市の出身ですが、三線《さんしん》という沖縄の楽器がすごく上手で、歌も得意です(だから、塾での彼のニックネームは〝シーサー君〟っていいます)。


彼にいいました。

「セミナーをやるときにスーツはやめて、ミュージシャンみたいな格好でいきなり出ていってみたら? そして、一曲歌ってからセミナーを始めたりすると、すごく楽しくなるしさ」

すると、**「ええっ? そんなことやっていいんですか?」**とかなり驚いた様子。

「いいとか悪いじゃなくて、自分で主催するセミナーなんだから、とにかくやってみたら?」といったのです。

いろいろ話を聞いてみたら、実は昔から楽しいことをたくさんやっている人だということがわかりました。

でも、趣味と仕事は別、というふうに考えていたんですね。

スーツを着て、カタくてつまらない話をする。それが中小企業診断士というもの。

そんなふうに思っていたようです。

でも、乗山徹からシーサー君になった瞬間から、話がとっても面白くなったりするわけです。

人間って面白いなと思います。
好きな話って、放っておいてもたくさんしますよね。

沖縄が大好き。音楽の話も大好き。実際に北海道で音楽活動もやっています。

乗山さんの話はどんどん面白くなっていった。

さらに、ボクの塾で売上を上げる勉強もしている。

今は、北海道で売れっ子の中小企業診断士になっています。

そうなったきっかけのひとつは、仕事とまったく関係ない趣味を仕事に入れ込んでみたということ。

これはすごく大切なことなんです。

好きなことや楽しいことを、あなたの仕事に取り入れて発信してみること。

どういうことが好きで、どういう趣味があるのか。

どういう考えで、今の仕事をしているのか。

そうした仕事以外の情報を出すことが、あなたの個性につながっていきます。

三線を弾きながらセミナーをする中小企業診断士って、あなたの周囲にいますか？

きっといませんよね。

これが中小企業診断士、乗山さんの個性なのです。

仕事と趣味は別物、という考え方を捨てることです。

まず、あなたの趣味を仕事に取り入れられないか、それを考えてみましょう。

05

母の日のケーキを買う人が本当に欲しいもの。それは……

「パティシエ」という言葉が定着してずいぶん経ちます。

パティシエがつくるおいしいケーキ屋さんというのも、日本全国にたくさんありますよね。

ボクの塾にも、**評判のケーキ屋のパティシエ**がいらっしゃいました。腕利きの職人だったために、材料にもコストをかけて経営より質にこだわってお菓子をつくっていました。

ちゃんと売ることも考えなくては、ということでマーケティングの勉強をしにきてくれたのです。

ボクの塾では、マーケティングの勉強といっても仕事や個人的なこともいろいろと聞かせてもらっています。前述のシーサー君の例でも説明したように、そこがとても大事なところだからです。

そのパティシエさんに「どうしてこの道を選んだのですか？」と訊いたところ、ちょっと照れながら、子供の頃の話をしてくれました。

それがとても素敵なエピソードだったのです。

それならば、その話を母の日のケーキのＤＭに入れてみましょうということで、さっそく販促物をつくってもらいました。

このパティシエさんのつくる母の日のケーキは、「カーネーション」というネーミングで直径10センチちょっとの小振りなサイズです。

チョコレートを、カーネーションの花びらに見立てた美しいケーキです。

これまでは、

母の日ケーキ
ピンク色のイチゴチョコを薄くのばして扇状に削った飾り細工を作り、
美しく、華やかに飾りつけたケーキです。
カーネーションをイメージしたケーキに仕上げたこだわりの職人技。
もちろん、台はしっとり焼き上げたスポンジに、ほんのり香るリキュール。
苺をサンドしたデコレーションケーキです。
こだわり職人が作るため数量限定ですので、お問い合わせの上お早めにご予約下さい。
4号サイズ　1680円

といった内容のＤＭを、既存顧客に送っていました。

しかし今回は、このＤＭに1枚の手紙を添えて、送ってみたのです。

こんにちは
シェフ　石田です。
私が幼い頃、母が作ってくれた手作りおやつ、
中でもフライパンで焼いてくれたクッキーが大好きでした。
中学の時カステラにホイップクリームで、ケーキを作った。
自分でも余り綺麗にできたとは、思いませんでしたが、
それでも母は、それを美味しいと言ってくれた。
母の喜ぶ笑顔、喜ばれる嬉しさを、知りました。
たぶんその時に、僕は「ケーキ屋」をやろうと決めたのです。
この時期になると、その母の笑顔を思い出します。
もうすぐ「母の日」
自分の母親の笑顔を心に思い浮かべてこのケーキを作りました。
小さいケーキですけど、あなたのお母さんに届けてみませんか。

この手紙を添えただけで、**母の日のケーキが昨年対比でなんと4倍**も売れました。

「母の日のケーキ」が持つ意味ってどこにあると思いますか。

それはきっと、お母さんに感謝の気持ちを伝えるメッセンジャーとしての意味合いですよね。

手土産や贈り物のお菓子には、食べ物として以上の役割があるはずです。

母の日はもちろん、クリスマスや誕生日のケーキが持つ意味って、ケーキを囲んでお祝いしたり、みんなで楽しい時間を過ごすという役割を持つんですよね。

だからこそ、**モノの品質ではなくその背景にあるもの、エピソードや思いを伝えていくほうが価値が伝わる**のです。

このケーキ屋さん、いろいろ事情があって今は、経営形態と場所を変えて営業なさっています。しかし、このパティシエの息子さんも東京の有名店で修業し、パティシエになっています。

フライパンで焼いたクッキーが伝えてくれた気持ちは、今も代々、受け継がれているのです。

06

「出雲の子宝カウンセラー」という揺るぎない個性

数千年の歴史を持ち、海外でも有名な出雲大社。

しかし、参道は意外や意外、遷宮《せんぐう》効果もあって観光客が増えていますが、それまでは人影もまばらで、シャッターが降りたままのお店も存在しました。

そんな中で**ひときわ賑わいを見せていたのが「堀江薬局本店　艸楽《そうらく》」**。いわゆる何でも置いてあるドラッグストア的な店舗ではなく、漢方とお茶と雑貨に特化した、相談しながら漢方が買える薬局です。

観光客も通る場所柄か、女性客がひっきりなしにこの店を訪れています。

でもこの店舗、２０１２年に現在のコンセプトで再オープンするまで、何年もシャッターを降ろして閉めたままになっていたのです。

それがなぜこんな繁盛店になったのか。

カギは「風水漢方」です。

堀江薬局の4代目・堀江昭佳さんが、ターゲットを絞って独自の発信をした結果といえます。

4代目といっても、堀江さんは順風満帆にここまで来たというわけではありません。

当時、大手安売りドラッグストアが台頭して、個人経営の薬局の多くは苦しい状況にありました。島根県内に2店舗の薬局を経営している堀江薬局も例外ではなく、先代からの借金などもあり倒産寸前という危機的状況に陥っていたのです。

それまで東京で薬剤師として働いていた堀江さんは、家族に懇願され、帰郷して家業を継ぐことを決心しました。

ふたを開けてみると、思っていた以上に堀江薬局は苦況に立たされていました。

当初、堀江さんはダイエット、婦人病など、女性全般をターゲットとして、さまざまな販促物で発信を続け、売上を上げる工夫をしていきました。

そんな中、ある女性のお客さまとの出会いが、堀江薬局の将来を決定づけます。

その女性はずっと不妊に悩んでいました。

不妊治療を続けても妊娠に結びつかないことで心も体も疲れ果てて、堀江薬局に足を運んだのです。

堀江さんは、彼女にまず自分を責めるのをやめるように伝え、体質に合った漢方を処方してあげました。

それから彼女はみるみる健康になり、その後、妊娠することもできたのです。

堀江さんに妊娠を報告したとき、その女性は心からの笑みを浮かべていました。

堀江さんはこの瞬間から、お客さまの真の喜びにつながり、喜ばれた結果、商品も売れていく仕事をしていきたいと強く思うようになりました。

具体的には、「子供ができにくい、妊娠を希望している女性」とターゲットを絞り込み、**「出雲の子宝カウンセラー」**として相談中心の薬局へと方向を転換したのです。

人にも店にも特徴、個性、エピソードといったいろいろな要素があります。どの部分を抽出して編集するかで、どう相手に伝わるかが違ってきます。**ターゲットを明確にして要素を絞り込むことで、伝わりやすい表現が見えてくるということです。**

堀江薬局の場合、ターゲットを「自分の体に目を向け、不妊に悩み、妊娠したいと望んでいる女性」とすると、そういった人だからこそ響く堀江薬局が持つ要素は、「出雲」「子宝」「漢方」「相談」「女性スタッフ」などです。

こうした要素をキーワードに、堀江さんは販促物を編集・デザインしていったのです。ミニコミの広告、名刺、チラシもターゲットに合わせて変えていきました。

不妊治療とはなかなか伝えづらいことと思い、これまでの経験、お客さまの体験談などをまとめて小冊子にして希望の方には差し上げるようにしました。

ホームページもターゲットに届く言葉を選び構成したことで、ぐっとアクセス数が上がりました。

結果、「出雲の子宝カウンセラー」というブランドが確立し、お客さまが増え、親身に相談に乗った結果、２００９年から２０１３年5月までの期間で２８６人の方が妊娠することができました。

さらに、堀江さんはたくさんの女性の相談に乗っているうちに、話のきっかけとして、「占い」という話題が入りやすいことに気がつきました。

最初は興味本位だったのですが、四柱推命の勉強を始めてみると、漢方の考え方とつながっていることがわかってきました。

そこで堀江さんが考え出したのが「風水漢方」です。

古くからの「漢方」「風水」という考え方に、多くの女性の相談に乗ってきたという実績、そして「出雲の縁結び」というイメージがピッタリと結びついて、「風水漢方」のコンセプトはできあがっています。

それを具体的に形としたのが、ずっと閉めていた店舗を新規オープンさせた「堀江薬局本店　艸楽」です。現在、堀江薬局も5店舗になっています。

コンセプトをもとに、誕生日から選ぶ風水薬膳茶というユニークな商品もつくり出しました。女性に響きそうな個性的な商品で、メディアなどの取材も多く受けています。

どの会社やお店にも、そこにしかない歴史、地域性、実績、個性があります。
それを再編集し形とすることで、揺るぎない圧倒的な個性へとなっていくのです。

ターゲットを明確にしましょう。そして、自社の独自性を創造していきましょう。
それが、継続して利益を上げていくビジネスデザインとなります。

07 平田オリザさんの話を聞いて背筋が凍りました

平田オリザさんという我が国を代表する劇作家がいます。

自身が主宰する劇団でさまざまなお芝居を作・演出し、本もたくさん出しています。

他にも大学で教えたり、政府や地方自治体のアドバイザーを務めたり、多方面で活躍されている方です。

あるとき、平田さんの講演を聞く機会がありました。

たくさんの楽しい話がありましたが、その中で特に印象的だったのが「自分の価値に気づかなければ恐ろしいことになる」ということ。

北海道にある「富良野」と「芦別」の話です。

以下、平田さんの言葉を借りながら説明していきましょう。

富良野ってご存じですよね。

北海道の真ん中あたりにある有名な街です。

ご存じのように「富良野」は今、すごいブランドになっています。

そのきっかけは、ある農家の方が残した一面だけのラベンダー畑です。

1970年代、多くの農家が、香水の原料であるラベンダーが人工香料に取って代わられたことを契機に、ラベンダー畑をつぶしていきました。

でも、ある農家の方が自分の畑を一面だけ残しておいた。

そのラベンダー畑が、旧国鉄のキャンペーン「ディスカバージャパン」のポスターに取り上げられて、ここから現在の富良野ブランドがスタートします。

その後、脚本家の倉本聰さんがテレビドラマ「北の国から」で富良野を舞台にし、ブランドがさらに確立されていきます。

こうしてスタートした富良野ブランドは、今や世界中からお客さまを集めています。

一方、富良野から約20キロ離れたところに芦別という町があります。

芦別は昔、炭鉱の町でした。

しかし、石油エネルギーの台頭によって、炭鉱は閉山を余儀なくされます。芦別もその例に漏れません。

炭鉱がなくなる代わりに芦別が手にしたものは、国からの補助金です。

芦別は補助金を使って、観光客誘致のためのたくさんの施設をつくりました。

たとえば、京都の三十三間堂を模したホテル。世界一高い五重塔。カナディアンワールドというテーマパークなどなど……。

でも、残念ながらこれだけの施設を持ちながら、平田さんがこの地を訪れたときには、誰ひとり観光客の姿が見えなかったそうです。

それもそうですよね。なぜ北海道に来てまで、京都を模した建造物を見なきゃいけないのってことです。


自分たちの、他とは違う価値に気づかないと、こういう悲劇が起こる。


平田オリザさんの講演を聞いていて、背筋が寒くなる思いがしました。

これはビジネスでも同じです。

自分の付加価値に気づくこと。
他との違いに気づくこと。
他には提供できないものを提供すること。

これがマーケティングの基本であり、ビジネスの基本です。

自分の価値が何か、発見しなきゃいけない。

そのためには一生懸命勉強しなきゃいけないし、一生懸命行動しなきゃいけない。
それが真理です。

ただ漫然と今の仕事を今まで通りにやっていると、気づくことができない。
気づかないと恐ろしいことが起こるのです。
勉強する時間がない、なんていっている場合じゃないんですよ。

08

43年間、一度もリニューアルせずに愛され続けた喫茶店

ボクは高校2年のときに、ジャズに出会います。

北海道釧路市のジャズ喫茶「ジス・イズ」に通い詰めました。

この喫茶店、1969年に開業して、マスターが病気になって休業する2012年秋まで43年間営業していました。

地方経済は東京に比べるとよくありません。
特に北海道の釧路なんていうのは想像以上に厳しいです。
どんどん過疎化している。

そんな地方都市にありながら43年間もの間しっかりと経営を続けていた。

すごいことです。

お客さんが減るとリニューアルする店が多い中、43年間、一度もリニューアルしたことがありません。

内装は昔のまま。はっきりいって、古いです。

変わったのは、トイレ（昔は水洗じゃなかった）と、昔はレコードだったけどＣＤを使うようになっていること。

スピーカーはそのまま。

コーヒーのブレンドも43年間変わらず。

コーヒーの淹れ方も43年前と同じネルドリップ。

ジャズ喫茶という業態だけでなく「ジス・イズ」のマスター小林東《あずま》さんが、企画・運営する**さまざまなコンサートやアートイベントも一度も赤字になったことがない。**

ジャズミュージシャンの間では「ジス・イズ」が聖地のようになっていました。

あのピアニストの山下洋輔さんや世界的サックスプレイヤー渡辺貞夫さんをはじ

め、一流といわれているミュージシャンが、「ジス・イズ」でライブをやりたがっていましたし、実際毎年ライブをやっていました。

ジャズのライブだけでなく、日本を代表する舞踏家・大野一雄さんの公演を企画したり、写真家・細江英公さんの個展や劇団「黒テント」などの地方巡業にも協力をしていました。

そういうイベントやライブを毎週のように、頻繁に実施していたんです。

とっても面白く、刺激的で、クリエイティブ。

釧路で開催される音楽・演劇・美術の相当な部分に「ジス・イズ」が関わっていたといえます。単なるジャズ喫茶の枠を超えた、まさに釧路の文化の一大拠点ともいうべき存在だったのです。

「ジス・イズ」という店を中心としたコミュニティができあがって、40年以上もの長きにわたって支持されていたわけです。

このコミュニティをつくり出したのはマスターの発信力でした。

「ジス・イズ」のマスター、小林さんがいつも発信し続けているということ。

発信といってもソーシャルメディアを駆使していたわけでもなく、ニュースレターを発行していたわけでもありません。

たくさんの、一貫性のある「ライブの発信」をすることで「ジス・イズ」がパワーのある「場」になっていったのです。

決してお客に媚びることはしません。

卑屈になることもなく、傲慢になることもなく、自分の確かな物差しでものを見て、コンテクスト（文脈や価値観）に合ったものを発信し続けている。

自分の好きなこと。

いいと思ったこと。
素晴らしいと感じたこと。
刺激的なこと。
知的興奮が喚起されたこと。

そこには現代人の多くが忘れてしまっているエレガントな文化の香りや、たまらなくスリリングな知性が漂っていました。

そして、その発信に共感した人たちが、ファンになっていったのです。

ファンが増えていくと、次第に「ジス・イズ」の「コミュニティ」が形成されていくわけです。

あるコンテクストに共感したコミュニティというのは、とっても関係性が濃くなります。

そうなると、価格やスペックなどとは無縁の世界になります。

「ジス・イズ」のコンテクストに共感したお客さまは、常連客になりました。

そういうお客は、自分の好きな友人や知人を「ジス・イズ」に連れていったり、マスターに紹介したりして、コミュニティがさらに少しずつ広がっていった。

常連客はライブのときなんかは、ライブ料金を支払いながらも自らスタッフをしたり、販促のお手伝いをしたり、友達を積極的に誘ったりしました。

もちろんマスターが依頼したわけではなく、自らの意思でそういう活動をしていたわけです。

ソーシャルメディアなんてない時代から、シェアされていたということ。

体調を崩されて、お店を休業しましたが、マスターの小林さんが、詩人である奥さまの藤田民子さんとつくり出した北の文化発信基地「ジス・イズ」は、間違いなく大成功した事業です。

それも、大衆をコントロールするとか、心理的に操作するという次元ではなく、面白がって楽しんで、自分の好きなことを発信することでエネルギーが生まれ、そのエネルギーが人々に伝わっていくというものでした。

それはある意味、現代のマーケティングの理想ともいうべき形です。

コミュニティをつくるには、エネルギーのある発信が必要です。

そして計算されたシナリオではなく、こんなことをしたら面白いだろうなとか、お客さんはきっと楽しいだろうな、というコトに人は巻き込まれていきます。

自然発生的なマーケティングであり、まさにそれは、ジャズの本質でもある即興演奏です。

小林さんがつくり出した空間は、**ファンと「ジス・イズ」のジャム・セッション（即興演奏）だったわけです。**

ちなみに現在は「釧路の文化遺産」として「ジス・イズEST」の名で復活し、以前のままジャズ喫茶として保存・活用されています。

第2章のまとめ

- ☑ ブランドは継続的に共感される思想のようなもの
- ☑ 同じ情報もその人の人柄を通して発信されることで、独自の価値になる
- ☑ モノの品質ではなく、その背景にあるものが価値を伝える
- ☑ 自分の好きを発信することでエネルギーが生まれ、人々に伝わっていく

第3章

お客さまは「関係性」の深い人からモノを買う!

【シナリオの第2段階】共感・信頼・好きになってもらう仕組みをつくる

01

「オレさま情報」ではお客さまに逃げられる

ほとんどの生活者は、モノはたくさん持っています。

エアコンだってテレビだって、車だって、もう必要な人には、だいたい行き渡っています。

だから、モノをモノとして売っていては売れない。

もう10年以上前からいわれていることです。

だから今は、いきなり買ってもらうことを考えるより、**これからあなたの見込み客になりそうな人々と、関係性をつくり出してから買ってもらったほうが、よく売れる**のです。これが、顧客化のシナリオの第2段階です。

関係性というのは「つながり」です。

そのためにあなたのことを好きになってもらうことが肝要です。そして好きになってもらうためのキーワードが「共感」なんです。

あなたが、ターゲットになる人々に、有益な情報や役立つ情報を発信し、交流することで、そこに「共感」が生まれやすくなります。

そして、共感が生まれることで関係性が深くなっていくのです。

ソーシャルメディアが普及した現代社会、この「共感」がとっても大切になってきます。

ソーシャルネットワークっていうのは、「社会のつながり」ってことです。

何も新しいことではなく、太古の昔から、ボクたち人間が当たり前につくってきたものです。

家族や友人、知人との「つながり」です。

それがソーシャルメディアが普及するとともに、よりつながりやすくなった。

さらに、そのつながりが他の人から見えやすくなったってことなんです。

インターネットの世界は、人が中心の実社会に近づきつつあるってことです。


だからウェブ上での個人の振る舞いが、リアルの社会での振る舞いと同じように評価されたり、判断される。

そういうことです。


たとえば、ウェブ上で、「ウチの商品はこんなに素晴らしい商品です、こんなにこだわってます、こんなところが新しいんです」と売り込みばかりの発言をしていると、敬遠されたり、嫌われたりするってことです。

リアルの社会でも、自分のことしか考えていないような、自分のことばかり話す人っています。

いわゆる「オレさま情報」。

そういう人は周りからも評価低いでしょ。

それよりも、いつも面白い話をする人、知らないことを面白く教えてくれる人、あなたと共通の話題で盛り上がる人、あるいはあなたの話を面白がって聞いてくれる人。
そういう人とは時間を共有していて、とっても楽しいですよね。

それが「共感」するってことなんです。

人々が共感する情報っていうのは、その情報で生活が楽になったり、問題を解決したり、よりよい人間関係を築くことができたり、自分が他人によく見られることであったりと、常に自分にとってのいい情報なのです。
企業視点の情報ではないってことです。

あなたがあなたらしい情報を発信することで、「共感」が生まれるのです。

まず「共感」をつくり出しましょう。

02

あなたの店がアマゾンのショールームになってしまう日

ショールーミングって、知っていますか？

アメリカでさかんに行われている消費行動。
ネットで買う前に、リアル店舗に行って、現物を確かめるという行動です。
リアルの店舗がまるで「アマゾンのショールーム」になるという感じ。
こういうことは以前からありました。
日本の消費者も、やっている人は結構いました。

これが、スマホが普及したことで、アメリカではさらにすごいことになっているのです。

たとえば、掃除機を買いに家電専門店に行きます。
いろいろと掃除機を見て、サンプルを使ってみて、ある商品を買おうと決めました。
次にスマホのアプリを立ち上げ、その掃除機のバーコードを読みます。
すると、その掃除機がアマゾンで売られている価格が出てきます。
価格が安かったら、その場ですぐにアマゾンで購入できるわけです。
おまけにアマゾンのプライム会員だと、送料は無料で2日以内で届けてくれる。
このアプリはどこが配布しているかというと、もちろんアマゾンです。
こういう消費行動のことを「ショールーミング」といい、注目されているんです。
すごいですよね。

恐ろしいです、アマゾン。

でも、モノを売っているだけの店だったら、しょうがないかもしれません。

価格と品揃えだけでいえば、ボクもアマゾンで買ってしまうかもしれません。

アマゾンに負けない魅力って何でしょう。

実際の空間を持っている店舗での接客、そこで築かれる関係性。

さまざまな視点で考えると、アマゾンが提供できない価値があるはずです。

その価値を発見するためには、「商品」を売っているという発想では難しいってことです。

「ショールーミング」に負けない、リアル店舗の価値を発揮しましょう。

そして、あなたの価値を伝えましょう。


伝え続けることです。

03

「ある日の夜、妻の漬物が圧倒的に、旨くなった!!」

「買う理由」がわからない商品は売れません。

これは真理です。
だって、人は理由もなくモノを買ったりしませんよね。
たとえば、あなたが夏にお友達とバーベキューをするとします。
アルコールを買いに近所の商店に行くと、ビールの横にワインを売っていました。
そのうちの1本には、こういうプライスカードがついていました。
「バルタザール・グラシアン　750ml　1200円」

買いますか？
欲しいですか？

買いませんよね。
欲しくもないですよね。

だいたいバーベーキューにワインって、思い浮かばない人もいます。
だから売れない。
ところがこういうＰＯＰがついていたら、どうでしょう。

バーベキューにぴったり
気軽にワイワイ楽しく美味しく
スペイン産
バルタザール・グラシアン
ブドウ品種　ガルナッチャ

若々しくフルーティな香りで、バランスのとれたエレガントな味わい
７５０ml　１２００円

これだったら、もしかすると欲しくなるかもしれません。

実際にこのＰＯＰは、**静岡県伊豆の国市のお酒屋さん「杉山商店」**についていたＰＯＰです。

バーベーキューをする人だけをターゲットにしたようなＰＯＰです。

これでとっても売れる。

じゃあ、このワインを買ったお客さまが全員バーベーキューをする人だったのでしょうか。

そんなことありません。

気軽なワイン、フルーティでバランスのとれた味、みんなで一緒に飲むのに適して

いる。こういうことが伝わり、たくさんの人が買っていくのです。
ターゲットをせまくすることで、その商品の価値が伝わりやすくなります。
買う理由をお客さまに教えてあげている。

この杉山商店では、ほぼすべてのお酒にＰＯＰがついています。
そのお酒を買う理由です。

ワインについていた次のＰＯＰもとってもよくできています。
ボクはお酒は飲まないけれど、これは思わず欲しくなった。

「え〜!? ヤバイ……ヤバすぎる!!」

で目を惹き、なんでヤバいのかを続ける。

「この価格でこの味はまずありえない!!」

さらに、その証拠を提示する。

「店長の嫁が絶賛!!」

そして商品名。

価格の前には「お買い得な」の文字を入れて最後のひと押し。

ＰＯＰの教科書に載せたくなるくらいの、よくできたＰＯＰです。

商品名を大きく書いても売れないのです。

だって、あなただって「ロッソレアール」ってひと言、書いてあっても、目を奪われないし、欲しいと思わないですよね。

でも、多くの店はＰＯＰに、商品名を一番大きく書いてある。これは間違いです。

杉山商店はよくできた、たくさんのＰＯＰが商品についています。

店長の杉山雅一さんや奥さまもPOPで登場して、商品をすすめている。
それで、もちろん高い実績も出ています。

たとえばこのPOPはとても反応がよかった。
商品は何かというと「浅漬けの素」です。

POP設置前は1カ月で5~6個しか売れなかった商品。
でも、このPOPで1カ月30個以上売れました。

5倍以上です。

このPOPは、

「ある日の夜、妻の漬物が圧倒的に、旨くなった!!」

でお客さまの興味を惹き、つづけて「答えは、これです」「浅づけの素」と読ませ、さらに商品の解説をしている。

「何の野菜に入れてもＯＫ！」
「簡単、便利、旨さに感動!!」
「経済的」

「浅漬けの素」にはまったくニーズがなかった人、欲しいと思っていなかった人にも、

「あ、これいいかも」
「へ～、そうなんだ～」
「ちょっと試してみよう」

などなど、思ってもらえたわけです。

気づいていない自分のニーズに気づかせてあげたってことです。

このPOPが優れているのは、誰にでも想像できるエピソードになっているということ。

「ある日の夜、妻の漬物が圧倒的に、旨くなった!!」って、杉山家の食卓が目に浮かぶようなことが書いてある。

なんとなく誰もが「あ、わかるわかる」って思う日常に落とし込まれたエピソード。

それが共感を生んでいるのです。

杉山商店のPOPはお客さまとの共感をつくり出しているのです。

そして、共感をつくり出すPOPは、お客さまとお店の関係性を深めるための小道具になっているのです。

04

反応率10倍!伝説の赤ペン広告

従来の広告やマーケティングの考え方が力を失っている。
これは事実だろうと思います。
毎日自宅のポストに入っているチラシや新聞折り込みチラシ。
雑誌に載っている広告やテレビＣＭ。
確かに目を惹くものは少ない。
みんな似ていて、みんな個性がない。

でも、まだまだやり方によっては、マス媒体も力を発揮する場合があります。
まず多くの広告やチラシから、あなたの広告に目をとめてもらうことです。
そして、読んで納得してもらったり、共感してもらうこと。

これが大事なんですね。

愛知県で結婚式場の支配人をやっている塾生さんがいます。長屋秀昭さんです。

新しい結婚式場がオープンするという広告を、地元発行のウェディング雑誌に掲載しました。

最初は普通に「新しい結婚式場がオープンします」という告知の広告を出しました。

きれいに整っている、あまり特徴のない広告です。

そのときの資料請求率は、全体を１００とすると６％だった。

翌月にまた同じ雑誌に広告を出しました。

それが伝説になっている赤ペン広告です。

前月に出した広告を読者が見て、その広告に実際に赤いペンで書き込んでいるように見えるデザインです。

長屋さんがアイデアを出し、懇意にしている女性のデザイナーさんにつくってもらいました。

「日程・条件により最大約30万円もお得な企画もあり!!」

「30万円も」のところに、赤ペンでグリグリと丸がつけてあります。

そして、手書きで「☆重要!!　TELする」って書いてある。

その赤ペンも含めて広告なのです。

手書き風に印刷されています。

「行ける日教えて!　絶対行きたいから」って彼にいっているわけです。

全体の誌面の右下にメモがあります。

「まーくんへ　イチオシ会場見つけたよ!　貸し切りができるらしい……」

「友だちが挙式してない会場」に花丸がついていて、「ここ重要　お母さんが喜ぶ」との書き込みふうのデザイン。

ストーリーも想像がつきますよね。

結婚を考えているカップルの女性のほうが、この広告を見て「やっと探していた理想の結婚式場が見つかったよ」っていっている状況。

そのシーンを広告にしたわけです。

パッと雑誌を開いたら誰かの手書きが書かれている誌面になっている。

一瞬、見た人はすごくびっくりしますよね。

マス媒体ではあるけれど、読者の目を惹き、手をとめさせる力がある。

この広告、結果的にものすごく反応がよかった。

雑誌全体の広告の中でもかなり目立っていました。

資料請求全体の60％がその広告から来たという広告です。

この赤ペン入り広告がとっても反応がよかったので、ボクのクライアント「カメラのキタムラ」さんに見せました。

「この広告、反応がよかったですよ。これ、七五三の広告に使いませんか？」って。

「七五三の広告で、お母さんからお父さんに向けて『七五三の撮影、ここがいいよ』っていうメモが書いてある広告をつくったらどうですか？」

面白がったキタムラの販促部は、とりあえずつくってみたんです。

通常のチラシをベースに、それを読んでいる家族を設定して赤ペンを入れていく。

状況としては、娘が七五三だったけれど、父親が忙しくてちゃんと七五三の写真が撮影できなかった。

母親は12月でも七五三の撮影ができるところを探している。

そんなときに「スタジオマリオ」のチラシを見た。

読んでいるうちに、マリオにしようと心に決めた。

父親は今日も仕事で遅い。だからチラシに赤ペンで書いて、メッセージを残した。

実際、12月に七五三の写真を撮るお客さまもたくさんいるということで、この状況を設定して広告をつくってみたんです。

パパへ　マリオに決めたよ～!!
・かわいいブランド衣装がたくさんあって、しかも何着でも無料
↓ウラ面の着物かわいいよ
・マリオしかないディズニーのかわいい特典も付いてる
↓ディズニーの年賀状ほしい！
・Tカードも使えるからお得だよ！
・キタムラの写真館だから仕上がりも安心ね

チラシの文章の中の特に目立たせたい部分は、赤でグリグリと丸をつけています。

「☆平日にしよう！」

下地とチラシ本体をあえてずらして“それらしさ”を出している。
小さな部分までこだわりを持ってつくり込むことで、
お客さまの反応率がグンとアップする。

「☆これかわいい」

「いろいろ見たけどマリオで決まり!!」

忙しいパパに、娘の七五三はどこにしようかと思っているママが、チラシに直接メモを書いている、という感じ。**よくできているなと思うし、何より楽しい。**

下地とチラシ本体がちょっとずれています。ダイニングテーブルの上にチラシを置いているという状況を示すために、わざとちょっとずらしているのです。

このチラシ、通常のものよりも大きく売上に貢献しました。

既成概念や過去の成功体験にとらわれていては、個性的にはなれません。

個性的になること。

それがあなたの販促物を選んでもらうための条件になるのです。

05

4500円のシャンプーと1000本のブログ記事

皆さんはいくらくらいのシャンプーを使っていますか?

通常のドラッグストアなどで売っているシャンプー・リンスは500円～1000円の価格帯が平均です。それを数十円安くしたりの競争をして売っています。

茨城県で美容商材を扱う株式会社アイザでつくっているシャンプーは、平均の5～10倍近い4500円もします。しかも安売りは一切せず、美容院でしか買えません。

その商品、あることをして、2年間で売る数が半年で売れるようになりました。

そのあることとは「ブログ」です。

ボクは以前から**ブログは1000記事を超えたあたりから効果があらわれてくる**といってきました。

アイザの社長であり、ボクの塾生である関川忍さんはそれを聞いて、最初半信半疑だったそうです。そう思いながらも、1年間で1000記事を書き続けました。

そしてブログが1000記事になったあたりから、**この高いシャンプーがどんどん売れ始め、他にもいろいろな変化が起き出しました。**

彼のブログは、

「サロン・マーケティング研究所ブログ」

「ようこそシャンプーソムリエのブログへ」

「ヘアケアからサロン経営まで、私の思いを綴ります」というものです。

シャンプーソムリエ？　そんな資格があったか？　という感じですが、もちろんそんな資格はありません。

これは関川さんが、自分の仕事を端的にあらわす表現として使っているものです。

彼は本当にシャンプーに詳しいのです。自分でつくってしまうくらいですから。

そのシャンプー、実は彼の娘さんのためにつくったものです。

娘さんは小さい頃、アトピーに悩まされていて、市販のものは使えない状態でした。そこでアレルギーのある肌の弱い人にも使えるシャンプーをつくろうと研究し、採算度外視でつくってみたのです。

その後、価値のわかる美容院の店頭販売商品になるようにと商品化しました。

もちろん、いくらいいシャンプーだといっても最初から売れたわけではありません。価値を伝えるために、全国の美容院でセミナーなどを開いてこのシャンプーのよさを伝えて回りました。そんな活動をしながら、自分が持っているシャンプーやマーケティングの知識を伝えるブログを、日々、書き続けたのです。

1000記事を書いたあたりから、売上も上がったのですが、さらにいいことには、**こちらから売り込まなくても問い合わせてシャンプーを扱ってくれる美容室が増えていった**のです。

自分が自信を持って書けること、情熱を持って伝えられること。

それを発信し続けることで、お客さまの共感を呼び、信頼が生まれます。

そうなることで、高い商品であっても、お客さまは買ってくれるようになるのです。

06

新規客の9割が既存客からの紹介。整骨院の「紹介スパイラル」とは

新規のお客さまより既存顧客を死ぬほど大切にしよう。

そういうことを、ボクは以前から、さまざまなメディアで発信しています。

ビジネスで成功するためには、それが必須要素です。

というか、今の時代はそうでなければ、成功しないんです。

既存顧客を死ぬほど大切にして、関係性を築き、大成功をおさめている塾生さんがいます。

東京・駒込で「やまだ整骨院」を経営する山田敬一さんです。

山田さん、柔道整復師という資格の持ち主です。

柔道整復師って聞いたことありますか。

厚生労働省が認定する国家資格で、かつては全国でこの資格がとれる学校は14校しかなかった。国家試験の合格者も年間で1000人ほどでした。

それが、規制緩和によって現在では年間5000名以上の有資格者が誕生している。

さらに、カイロプラクティック、整体院、足裏マッサージ、クイックマッサージなど、資格がなくてもオープンできる店舗も増えてきました。

こうした業態には民間企業も多く参入してきている。

現在、整骨院（接骨院）と治療院で12万軒、資格の要らない**クイックマッサージなどを含めたら約20万軒**が存在するといわれています。


数が増えれば、当然、価格競争も過熱します。

かつては10分1000円というのが、この業界の相場でした。

しかし、今は60分2980円、という店もざら。半額以下です。

一方、山田さんは一切安売りすることはしません。

1回の治療で5000円という料金体系を続けている。さらに、もっと高いコースも設定しています。

相場と比べて高めの治療費でも、山田さんのところには、都内のみならず全国からたくさんの患者さんが詰めかけています。

２０１１年１～６月を１００とすると、**２０１２年７～12月は患者さんの数で３８４、売上ではなんと７１２という圧倒的な数字**を上げています。

さらに、スゴイのは**患者さんの９割以上が既存客からの紹介**ということ。

既存顧客との関係性を築いた結果、そのお客さまが、新規のいいお客さまを紹介してくれる**「紹介のスパイラル」が完全にできあがっています。**

大人気のやまだ整骨院ですが、最初から順風満帆だったわけではありません。

２００８年の開院当初、１万枚の新聞折り込み広告を打ちました。

山田さん、期待して患者さんが来るのを待っていた。

でも、誰も来なかったんです。

反応率ゼロ。

その後、近隣の方がポツポツと訪れるようになったのですが、誰もチラシの存在を知らない。
チラシに書いたのは、やまだ整骨院という名前と、住所、電話番号、地図、それに受付時間と休診日。これじゃあ、誰も目にとめてくれません。
だけど、これは仕方がないことだったんです。

国家資格であるために、広告も「柔道整復師法」で規制されている。

「〇〇の治療が得意です」なんて書いては、法律違反になってしまいます。

広告に規制がある以上、販促は難しい。たくさんの患者さんに来てもらうためには、技術を高めるしかない。当時、そう考えた山田さんは、いろいろな勉強会や講習に参加して、技術を磨き続けました。
しかし、技術力が向上しても、経営はなかなか安定しない。
そんなとき、ボクのセミナーを聞き、いろいろな人が個を出した情報発信で関係性を築き、成功しているということを知った。

「大事なのは技術だけじゃないんだ」

山田さん、早速実践してみることにしたそうです。

まず変えたのは名刺。

これまでは名前と住所が入っているだけのごくごく普通のものでした。

でも、これでは山田さんがどんな人か、まったくわかりません。

山田さんの仕事は患者さんの体に直接さわる仕事です。

顔も知らない相手に、自分の体を任せるのは正直、不安ですよね。

そこで、顔を入れて、３つ折りの名刺をつくってみた。

新しい名刺の表には、笑顔の山田さんと「患者さんにとって頼れる治療家でありたい」というメッセージが入っています。

そして、裏面には診療時間や診療体系、モットー、実際に治療を受けた患者さんの声、山田さんの詳細なプロフィールなど。

これだけ読めば、山田さんがどんな思いで日々の診療にあたっているか、やまだ整骨院がどんなところであるのかがよくわかります。

こんな整骨院なら行ってみたい、とその思想に共感・信頼を覚えるような名刺です。

さらに、**この名刺の最大のポイントは「紹介カード」が入っていることです。**

「あなたの大切な人をご紹介下さい」と書いて、紹介者と来院者の名前を書き込むようになっている。裏を返せば、大切じゃない人は紹介してくれなくていいということ。

この名刺を、初診の患者さん全員に渡して、こういってみた。

「あなたのまわりで、困っている人がいたら、これを渡してあげてくださいね」って。

そうすると、みんな、そうしてくれるんだそうです。

「私が行っているやまだ整骨院が信頼できるから行ってみたら」という言葉を添えて。

名刺が共感を呼ぶ販促物となり、紹介カードを持参してくる患者さんがグンと増えました。

しかも、山田さんの意図通り、山田さんの考え方に共鳴してくれる〝いいお客さま〟ばかりが集まっています。

「人は身近な人の情報を信頼する」

そういうことです。
そして人は誰しも、誰かとつながっているってこと。

家族、友人、仕事仲間、趣味の仲間……。

たくさんの小さなコミュニティに属しています。
「大切な人を紹介してください」っていわれると、そのコミュニティの中から大切な人、治療を受けたらいいと思う人を想像するのです。

名刺のほかにも、やまだ整骨院では患者さんとの関係性を築くさまざまな工夫をしています。たとえば、**初診時に送るサプライズレター。**

これは、「やまだ整骨院のご案内」「やまだ整骨院ストーリー」という資料、「ご来院ありがとうございます。初診時のあなた様の症状等をお知らせします」という山田さん直筆のお手紙の3つから成っています。

手書きで、もう1800名もの患者さんに送っているそうです。

さらに、ホームページ・ブログ・フェイスブック・メルマガ、黒板（ブラックボード）・POP・掲示物・印刷物・名刺、ニュースレター・ハガキ・初診レターなど、いろいろなツールで、それぞれの層に向けてアプローチも続けています。

治療だけではない、やまだ整骨院の特徴を自分の言葉で発信して、**一対大勢ではなくて、一人ひとりとの関係性を築く。**

そうすると、それを見てくれているファンが周囲に発信して、紹介率9割以上の実績につながっていくわけです。

既存顧客が山田さんを信頼し、関係性ができた結果、たくさんある整骨院のいずれかでなく、やまだ整骨院を紹介するという「紹介のスパイラル」が完成しました。

どうやったら既存顧客からいいお客さまを紹介してもらえるか。

既存顧客を大事にすることが、新規客獲得につながるという好例です。

第３章のまとめ

- ソーシャルメディアの登場が
  ウェブの世界を実社会に近づけた
- リアル店舗の価値とは、
  そこで築かれる関係性にある
- お客さま自身も気がついていないニーズに
  気づかせてあげよう
- あなたらしい情報発信が
  お客さまとの共感をつくり出す

第4章

お客さまが
買いたくなる
きっかけをつくろう!

【シナリオの第3段階】
購入・契約の行動を促す

01

「朝ごはんで食べた海苔、どこに売ってるの〜!?」

あなたが温泉旅館に泊まっていたとします。
翌日、朝ごはんを食べた。
そこで出ていた海苔が、すごくおいしかった。
一緒に行っている家族も、とっても気に入りました。

チェックアウトしたあと、ロビーの近くにお土産物を売っている売店があった。
朝食に出ていた、あのおいしい海苔をお土産に買って帰ろうと、売店に入りました。
海苔が売られているコーナーに足を運ぶと……、
そこには、何種類もの「海苔」が売られていて、どれが朝食に出ていた海苔かが、まったくわかりません。

だって、「海苔」ですから、外見はほとんど変わりません。
パッケージもあまり差がない。
どれが欲しい海苔なのかが、全然わからないのです。

店員さんを探して訊こうと思いましたが、近くにいません。
ちょっと遠いレジでお客様の会計をしています。
すごく忙しそうです。
他の店員さんを探したけれど見当たらない。

結局、あきらめて買いませんでした。

これ、ボクの友人の実話です。

「もしその売り場に『朝ごはんの海苔はコレです』ってPOPがついていたら、すぐに買ったのに」

そういっていました。
その高級温泉旅館の売店には、ＰＯＰが1枚もなかったそうです。
「あの売店、商品にたくさんＰＯＰをつけたら、もっともっと売れると思うんです。もったいないです。いい旅館なのに」

確かに、もったいないですよ。

ボクの塾生である帽子山宗さんが経営している山代温泉「宝生亭」の売店では、朝ごはんに提供している自家製のおかず3点をおすすめしています。

「宝生亭の朝ごはんはおいしかったですか？」

というＰＯＰです。

三ツ屋さんという営業担当の社員さんが、顔を出しておすすめしています。
商品は「うま辛味噌」「中島菜あおさのり」「しょうがおかか」の3種類セット。
もちろん、単品でも買えます。

宝生亭ナンバーワンの食いしん坊の三ツ屋で〜す。
今日の朝食のご飯はいつもよりたくさん食べられたんじゃないですか？
宝生亭の朝食はご飯の友が美味しいから、勝手に食べすぎちゃうんですよねぇ。
この先、ふと、悲しくなった時、けんかした時、な〜んにもない時に、
今回の楽しかったこの宝生亭での1日を思い出してほしいなぁって思い、
ご飯の友の人気ナンバー3を1つのセットにしました。
皆さん！　宝生亭を忘れないでねぇ〜。
宝生亭の『思い出3点盛り』
500円お得な2100円!!

なんだか、あたたかい気持ちになります。
温泉旅館に泊まりにくるときっていうのは、ほとんどが楽しい幸せなときです。
お客さまにとって基本的に楽しい思い出になっているはず。
だから、朝食に提供していた食品を、旅行の思い出として売っているわけです。
チェックアウト時に売店を見ているお客さまは、皆朝ごはんを食べた後です。
その旅館で一番最後の体験といってもいい。
強く記憶に残っています。

前日の夕食より、朝食の記憶のほうが鮮明。

そんなときに、こういうPOPを見かけたら、欲しくなる可能性は高いですよね。
旅館としては、ただ商品の存在を教えてあげているだけです。
一切売り込んでいません。

3種類の中で一番売れているのは「うま辛味噌」だそうです。
1カ月平均1000本も売れる。
1000本っていうと、1000円の単価だと月に100万円です。

年間で1200万円!

気づかないところで、あなたも売れる機会をつぶしている可能性があります。

ぜひ見直してみましょう。

02

「スキー場がオープンしますよ」とお知らせする宿、しない宿

ボクがある地方で聞いた話を紹介しましょう。
北国にあるペンションの話です。

そこは周りの宿と比べて、とっても常連さんが多いペンションです。
売上の6割以上が常連さんでつくられているそう。

ペンションの近くにはスキー場があって、冬場はそこがメインの観光施設。
スキー場は毎年だいたい12月に滑降が可能になります。

そのペンションは、スキー場がオープンすると決まったら、去年スキーで泊まって

くれたお客さま全員にとりあえず連絡をとるんです。

メールアドレスがわかるお客さまにはメールで、

「スキー場がオープンしましたので、今年もスキーをしに来てください」

ってお知らせする。

メールアドレスを知らないお客さまやメールを使っていないお客さまには手紙を書く。

あるいは、親しいお客さまには電話をする。

スタッフが手分けをして、前年泊まったお客さま全員に連絡をとるように努力するんです。

するとスキー場がオープンしてすぐの週末でも、お客さまが結構入る。

あるシーズンの話です。

スキー場がオープンして最初の週末が終わった月曜日、ある旅館の社長さんと会ったそうです。

「おはようございます。スキー場がオープンしたね」とペンションのオーナーが挨拶をしました。

すると旅館の社長が「おたく、この週末どうだった？」と尋ねてきたそうです。

「おかげさまでうちはほぼ満室になったよ」とオーナーが答えた。

すると旅館の社長が、「なにぃ？　うちは全然入らなかったんだよ」。

そして、そのあと、社長がちょっと怒ったようにいったのは……、

「何をやっているんだ!?　観光協会は！」

笑い話のようです。

まったくわかっていない。

その旅館だってたぶん、前年たくさんのスキー客が泊まったはずです。

スキー場がオープンするとわかったときに、どうしてお客さまに連絡をとらないのでしょう。

去年のスキー客に「スキー場がオープンしましたよ」とお知らせすればいいだけな

のに、それさえしない。

集客を人任せにしているから、「観光協会はもっとコマーシャルしろよ。何をやっているんだ」と考えてしまうわけです。

集客は自分でするものではなく、観光協会や旅行会社がしてくれると思っている。

もうそういう時代ではないということ。

自社で集客して、自分で売上を上げて、おなじみさんを増やしていかなければならないのです。

自分のホテルの集客を他人任せにしていると、いずれ淘汰《とうた》されてしまいます。

旅行会社経由で来たお客さまは、そのホテルや旅館を選んで来たわけではない場合が多い。だから、**旅行が終わったら宿泊した宿の名前なんて忘れてしまいます。**

結果、リピート率が低いんです。

あなたも、この社長のようにごく当たり前のことをし忘れていないか、今一度振り返ってみてください。

03

お客さま98名を取り戻した同窓会案内ふうのDM

神奈川県大和市で美容院「ガナーズ」を2店舗経営している、勝村大輔さんはボクのマーケティング塾の塾生さんです。彼が開店7周年に行ったキャンペーンがとても参考になると思うので紹介しましょう。

あるとき、勝村さんは店の「失客名簿」を眺めていました。

そこには、一度来てその後来店のないお客さまや、2〜3回来たのに足が遠のいているお客さまの名前が載っています。勝村さんは考えました。

どうして、来てくれなくなったんだろう。

うちの店の技術やサービスがよくなかったのか、顧客満足が足りなかったのだろうか。

あるいは、忘れられてしまったのかもしれない。

このお客さまたちにもう一度来てもらうために、どうしたらいいのだろう。

そして店とお客さまという関係性ではなく、人間関係に置き換えて考えてみました。

もし仮に3年前に一度だけ会ったことがある人と再会したい！　と思ったらどうするか。

幸いなことに、手帳に挟んでいたメモには、その人の住所が記されている。

しかし、顔はうろ覚えで曖昧な記憶が残っているだけ。

でも、どうしても会わなければいけない事情があるとしたら……。

ご無沙汰のお客さまに再来店を促すシチュエーションを、通常の人間関係にたとえて考えてみたわけです。

果たして、ご無沙汰の人との再会には、何が必要なのだろうか。

それで気がついたんです。

「きっかけ」が重要なんだってことを。

再会の機会をつくるための「きっかけ」。

このことを、美容室に置き換えるとどんなことが思いつくでしょう?

勝村さんが真っ先に思い浮かべたのは、自店の7周年記念でした。

そして、久しぶりにお会いしたい、「ガナーズにもう一度来てください」との思いを込めてDMハガキを作成したんです。

ほとんどが文字だけの「お手紙」ふうです。

業務的なDMではなく、お手紙にして出そうということです。

イメージとしては、同窓会にお誘いするときのお手紙。

そういうコンセプトでDMをつくり、「失客名簿」に載っているお客さまへ配送したのです。

ありがとう！の気持ちを込めて。


こんにちは！美容室ガナーズ代表の勝村です。

「お元気ですか？」もしかしたら「久しぶり！」かもしれませんね（笑）

どうしてもお礼が言いたくて……突然のお手紙失礼いたします。

ボクたちガナーズは、おかげさまで２０１２年２月２日で７周年を迎えることができました！

「いったいボクたちはどれくらいの方たちからお世話になっていたんだろう？」

これまで来ていただいた方々の名簿を見て、とっても懐かしい気持ちになりました。

一度しか会ったことのない方でも、ボクたちは結構憶えてるものなんですよ！（笑）

８年目のガナーズは、メンバーは多少変わったものの相変わらず美容の仕事が大好きなメンバーで毎日を楽しく過ごしています。

もし、これをきっかけに「もう一度お会いできたらなぁ〜」

そんな期待を抱いてお手紙を書かせて頂きました。

「ありがとう！」の気持ちを込めて……。

あなたと再会できるときを楽しみにしています!!


とってもよくできている、ＤＭです。

いきなりデカい文字で「７周年!!」とか書いているわけじゃない。

だいたいお客さまにとって、その店の「7周年」なんて関係ないのですから。


そして、どうして手紙を出したかの、説得力のある理由が書いてあります。

「どれくらいの方々にお世話になったのだろう」

それでお礼をいいたくて、お手紙を差し上げているということ。


さらにオーナーの手紙になっていることも大事なポイントです。

個人の写真を出して、店からではなく、勝村さん個人の発信になっている。

しっかりと来店しやすい動機もある。

よくできています。結果、とっても反応がよかった。

500名のお客さまに送り、再来店してくれたお客さまが98名もいたのです。

このお客さまたちは、手紙を出さなかったらおそらく一生来なかったお客さまです。

それを考えると、お手紙を書くだけで、集客できる。

新規のお客さまを獲得するより、一度でも来てくれたお客さまにもう一度来てもらうほうがカンタンです。

リピーターになる可能性も高い。

まずは、失客名簿を眺めてみましょう。そして、再来店いただくきっかけを考えて、アプローチしてみましょう。

思いが伝われば、**希薄だった関係性が一気に花開くかもしれません。**

04

〝一撃〟の不動産広告で即満室

不動産広告っていうのは、どうしてみんな同じなのか？

「画一化というのが、一番のリスク」とボクはよくいっているのですが、不動産広告ってとても画一的ですよね。


よくある不動産の広告を想像してみてください。


賃貸オフィスなどの広告です。

平面図が一番目立ちます。そのほかに、ビルの名前、最寄り駅、簡単な地図。保証金の額と月々の家賃、築年。

その程度のことが書いてあるんですが、これでは本当の価値がわかりにくい。

というか、これでは他のオフィスとの違いがまったく伝わってきません。

スペックしか書いていない。

本当にオフィスはスペックだけで選ばれるのでしょうか。

ボクの塾生さんで、不動産会社の専務をやっている女性、藤田和美さん。

女性らしい丁寧な資料をつくり、それを告知した。

彼女がつくった資料は情報量が圧倒的に多かったのです。

資料をつくるときに、藤田さんは「借りる人はどんなことが知りたいんだろうな?」と考えてみたのです。


「私が借りるならどんな情報が欲しいんだろう?」


そう自分事に置き換えて資料をつくり直しました。

大阪の堀江にあるオフィスビルの資料です。

①ビルの概要

まず、ビル概要を載せました。

オートロックなのかということを始め、駐車場の有無、構造、築年月日など。

1階には「ローソン100」が入っていることも告知します。

オフィスに勤める人にとっては1階に巨大な冷蔵庫があるようなものです。

さらに、コンビニは24時間電気がついていて人がいるから、セキュリティ的にもいいわけです。

②部屋の概要

他にどんなテナントがこのビルに入居しているか、ということを書いています。

これも重要です。

③交通アクセス

これまでの資料だと「地下鉄千日前線・鶴見緑地線　西長堀駅徒歩3分」と書いていました。

でも、実は地下鉄千日前線と鶴見緑地線の駅ってずいぶん離れているんです。

そこでちゃんと調べてみたらアクセスが全然違うことに気がつきました。

千日前線の西長堀の駅からは徒歩1分。

鶴見緑地線からは徒歩3分。地下道があるから濡れずに来られる。

そうした情報をきちんと正確に入れ込みました。

クルマでの移動も考慮して、周辺の道路状況、高速の出口が近いことも説明しています。

④近隣のパーキング
⑤近隣の銀行と郵便局、ATM
⑥お土産屋、花屋
お得意先に手土産を持参したい。開店のお祝いにお花を贈りたい。

そんなときに頼りになるお店が近くにあることを紹介しています。

営業の拠点としていかに便利であるかのアピールになるわけです。

⑦近隣のランチがおいしい店
⑧デリバリー
⑨コンビニとスーパー
⑩近隣施設（大阪府立図書館）
⑪統計などの資料に見る立地
⑫近隣人口分布

こうした情報を入れ込んで、Ａ４サイズで15枚ほどのとても詳しい資料をつくりました。

企業としての事業が成り立つ土地なんだな、ということが新しい資料によってアピールできたわけです。

その結果、あっという間に、すべてのフロアが満室になったのです。

まさに一撃という感じです。

さらに、藤田さんは資料をつくり込んでいく過程で、自社の物件のよさを再発見できたそうです。

何が一番の強みなのか、どういうことを伝えたらいいのかを発見できたということです。

これはビルの話ですが、あなたの仕事や商品の周辺をくまなく調べていくと、資料に落とし込める強みとかよさというものを再確認できるようになります。

「そんな手間をかけて資料なんてつくっていられないよ、忙しいんだから」と思った人もいるかもしれません。

でも、こう考えてみてください。

たとえば、資料をつくるのに丸2日かかるとします。

しかし、これは無駄な時間ではありません。

どうしてかというと、資料というのはコピーできるからです。

営業マンはコピーできませんよね。

その資料が営業マンになるくらい語ってくれたら、コピーして部数を増して、いくらでも優秀な営業マンをつくることができるのですから。

資料のつくり込みというのは絶対に無駄じゃない。

そして、これだけの情報量を出していると、それを見て契約したお客さまとは、入居のときにはもうすでに関係性ができているということ。

だから、クレームやトラブルがほとんどないのです。

05

価格も価値。値段を4倍にすることで30倍売れた靴下

勉強したことやセミナーを聞いて気づいたことを、実際の現場で実施してみるということが大事です。

計画をしっかり練ってからやろうとか、もっと考えてからやろうとか思っていると、やらなかったり、機を逃したりすることがあります。

臨機応変な対応、構想して計画しながら行動すること。

やってみて、ダメだったら変えればいいんですから。

大阪府松原市にある「天美ケンコー薬局」の店長であり社長でもある陸田大樹さ

んから、面白い事例の報告がありました。
陸田さんは大正製薬が主催した、ボクの販促塾に参加してくれていた方です。
その塾を受けているうちに、気がついたんです。
「そうか〜、お客さまに知らせなければ、存在しないのと同じなんだ」
そこで、すぐに実験してみました。
血圧計を売るために、小さな黒板（ブラックボード）を店頭に置いてみたんです。
そういう商品があるってことを、ただお知らせしただけです。

数量限定30台!!
国内メーカーシチズン
血圧計セール
新しく買おうと思っている方。
買い替えを考えている方。

プレゼントにも最適です！

今がチャーンス

そうすると、思わぬ結果が出ました。

陸田さんからのメールを紹介しましょう。


血圧計はブラックボードのみ、まさしく物いわぬ販売員でした。

ブラックボード代3000円で約1週間で売上50個を販売。

売上高19万9000円、利益は12万5000円でした。

これまで1カ月に1個か2個売れればいい商品でした。

ポイントは、

「ターゲットを明確にしたこと」

「個数は十分ありましたが、限定にしたこと」

「実際に写真を貼ったこと」

などがあげられると思います。

実際、多くの店は「血圧計、ありますか」とお客さまに訊かれるまで、売ろうともしていません。

この事例のように、血圧計がありますと告知することでわかりやすくなる。

さらに、すぐに必要と思っていなかったお客さまも「限定」との謳い文句もあり、購入欲求が高まって買ってくれる。

お知らせするだけで、こんなに数字が違うのです。

だって、通常は1カ月で1個か2個しか売れない商品ですよ。

それが、ただブラックボードでお知らせするだけで1週間で50個完売です。

まさに、サイレント・セールスマンです。

価値を伝えることで小さな成功をした陸田さん。

その後、また行動してみます。

「価値を伝えなければ存在しない」ということを考えているときに、自分のところで扱っている、とある商品が目に入ってきました。

それは「暖かい靴下」です。

1足98円で売っていました。

アンゴラ素材で、本当に暖かい靴下です。

でも、なぜか売れませんでした。


陸田さん、ふと思った。

いい商品で、安いのにどうして売れないんだろう？

価値を伝えていないのかもしれない。


この靴下の価値は何だろう？

すると、ある仮説に行きつきます。

「逆に価格が安すぎるんじゃないか？」

仕入れ価格は60円でした。
それにコスト積み上げで価格を決めていたから、98円だったわけです。

消費者は、安いモノは、安いなりの理由があると思います。
ありえないほど安く売っているモノってありますよね。
あまりにも価格が安いと、お客さまはこう思うんです。

こんなに安くて、大丈夫？
すぐにダメになるんじゃないの？
安物買いの銭失い？

価格が安いと、逆に価値が伝わらない場合もあります。

そう思って、さっそく実施してみた。
思い切って価格を高くしてみたのです。

98円を、398円に。

約4倍です。
そして、POPをつけました。

売り切れ御免!

安くて気持ちいいから～と、昨年まとめて20足分買っていった人がいてました。
早いもの勝ちです
アンゴラタッチ靴下　398円
まとめてお得

3足　1000円

さらに見本を展示して、「靴下の中に手を入れてみてください」と、その暖かさを体験してもらうよう誘導しました。

そうしたら、それまで**1カ月の販売が10足だった靴下が、なんと3カ月で1000足以上売れた**のです。

98円で売っていたら、「安いから」という理由で、お客さまはこの靴下に正しい価値を見出せなかった。

安売りは決して解決策にはならないのです。

「安い＝よくない」、そう思われても仕方がないのですから。

価格もその商品の価値だということなのです。

**価格も価値！
値上げしたのに
3カ月で
1000足以上売れた！**

¥3150

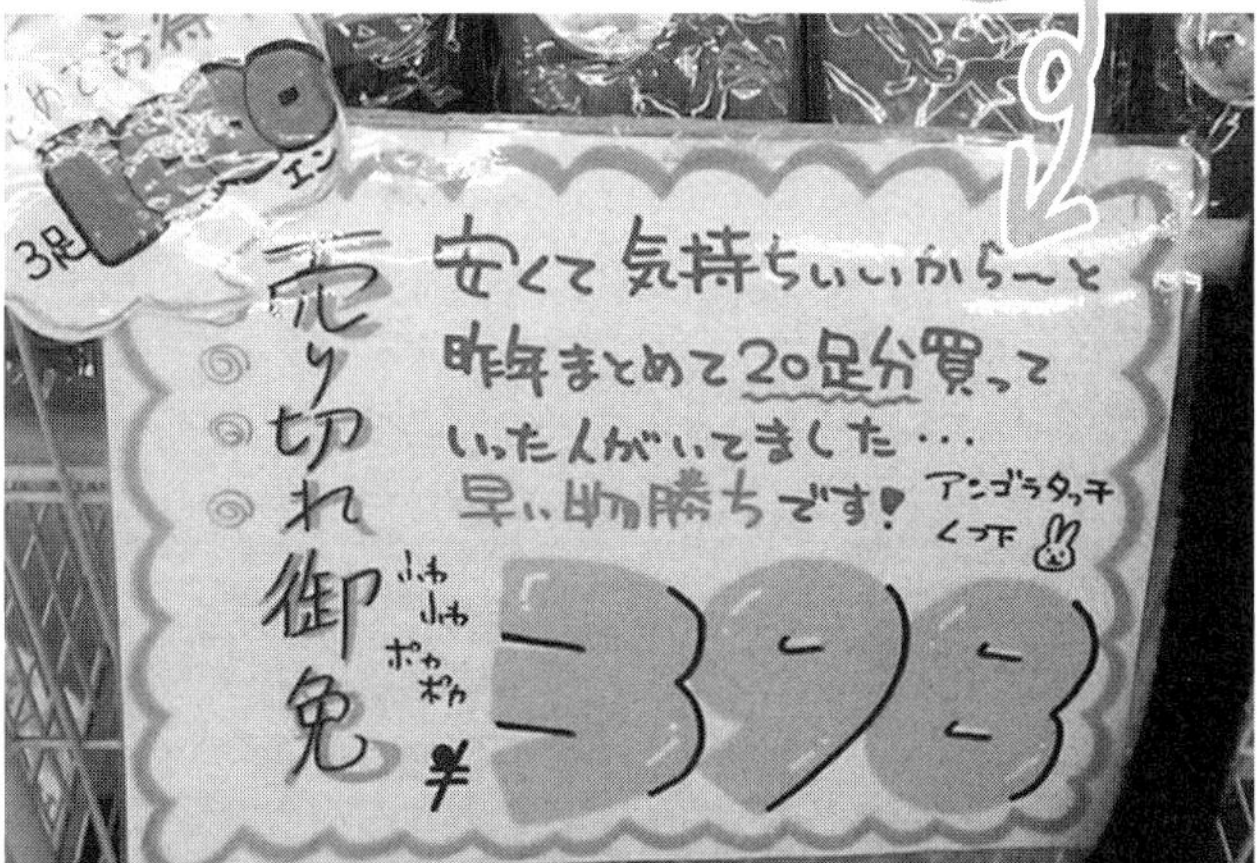
売り切れ御免
安くて気持ちいいから〜と
昨年まとめて20足分買って
いった人がいてました…
早い物勝ちです！
アンゴラタッチ
くつ下
ふわふわ
ポカポカ
¥398

安売りすることで、商品の価値が伝わらなくなってしまう。
価値にふさわしい価格にして、商品を体感できる陳列で、
1カ月 10 足しか売れなかった靴下が、
3カ月で 1000 足以上も売れた！

第４章のまとめ

- ☑ 情報や知識を知恵にするためには実際に行動してみることが大事
- ☑ 高くしたら売れた！安いという理由でお客さまが正しい価値を見いだせないこともある
- ☑ ハガキを出しただけで失客名簿のお客さまが復活する
- ☑ お知らせしただけでお客さまはやってくる

第5章

ゆるく、深く、長くつながれば圧倒的に売れていく！

【シナリオの第4段階】顧客化・コミュニティ化をはかる

01

「あなたから買いたい」と思ってもらう確かな方法

マーケティングはお客さまの忘却との戦いであるといっても過言ではありません。

お客さまはどうして二度と来なくなるのか？

顧客流出で一番多い理由は「忘れる」ということです。

そうならないために、お客さまと継続的にコンタクトをとるのが大事だということ。

たとえばあなたが、どこかの店のメールマガジンを登録したとしますよね。

その店のことをずっと忘れています。

でもその店から4カ月ぶりくらいにメールマガジンが届いたら思い出しますよね。

「ああ、この店、まだやっているんだ」とわかる。

それで、そういえば感じのいい店だったよな、と思い出します。

そうしたらまた足を運ぶかもしれません。

忘れられないようにコンタクトをとるというのは、顧客化の第一鉄則です。


兵庫県たつの市に「まるさん自動車」という自動車整備工場があります。

ここの社長の三尾修さんは、ボクの塾生さん。

もうかれこれ10年近く、「まるさん通信」というニュースレターを発行しています。

自動車整備、車検、オイル交換をしてくれたお客さまに、了解を得た上で月に一度、出している。


その数、約500通。

A4サイズで10枚ほどの豊富な情報を届けています。

たとえば、「燃費のいい走り方のコツ」とか「花粉症の季節には換気を内気循環にする」とかの情報です。

あるいは、桜の季節になると、ドライブしながら桜を楽しめる穴場スポットを紹介する地図が書いてあったり、初夏に高速でドライブするときのおススメＣＤの情報。

また、「社長の食べ歩き」というコーナーでは、社長がドライブに行った先で見つけた、おいしい食べ物屋さんを紹介したりしている。

自動車屋がお客さまにとって、どんな「よい情報」「役立つ情報」を出せるかということを考えてつくっているわけです。

そう、要は車のある豊かな生活をお客さまに提供しているわけです。

関係性という観点から考えると、ニュースレターを通じて、まるさん自動車とお客さまとの関係性が深くなっていくわけです。

お客さまとの関係性が深まると、会社にもいいことがたくさん起きます。

まず、お客さまの失客が少なくなる。
顧客流出が減るんですね。
理由は、ニュースレターが届くたびに月に一度思い出してもらえるから。

さらに、お客さまの来店頻度が増えます。

当然、業績もよくなりますよね。

ニュースレターの中には、セールスレター、売り込みのチラシも数枚入っています。

あるとき、「冬用のスタッドレスタイヤは、ミシュランがいいですよ」というセールスレターを入れたんです。

それから少ししてあるお客さまが来店して、いきなり「ミシュランのあれ、ちょうだいよ」ってタイヤを買ってくれた。

三尾社長は驚きました。

ミシュランの冬用タイヤは通常より高価で、突然買うなんていう人はなかなかいないからです。

「なんでこんなに高いのに、ミシュランのタイヤを買うんですか？」と、そのお客さまに訊いたそうです。

「何いってるんだよ、おまえがいいっていったんじゃないか」と答えられた。

おまえがすすめているから、買うんだよってこと。

これはすごい関係です。

ニュースレターを継続して出していくうちに、そういう関係になった、ということです。

こうなったら、選ぶのは価格とか品質ではなくなります。

通常より高価な商品を売るときには、関係性があるほうが買ってもらいやすくなるんです。

ニュースレターでお客さまに役立つ情報をお届けする。
それを継続することで、お客さまとの間に信頼関係ができ、
高価な商品も売れていく。

まるさん自動車は、あるエンジンオイルを扱っています。

普通よりも価格が高くてメジャーではないうえに、20リットルまとめ買いしてもらって「エンジンオイルキープ」するオイル。

スナックとかに行くと、ボトルキープってしますよね。

あれのエンジンオイル版です。

すごくいいオイルなんですが、普通のエンジンオイルの2倍ぐらいの価格です。

こういう商品は関係性を築かないと売りにくい。

ニュースレターを始める前と後では、このオイルの販売実績がまったく違っています。

明らかに売上が増え、会員数も2倍以上になった。

さらにオイルキープしていただいているお客さまに、お礼の意味を込めて〝プロによる安心無料点検〟を実施しています。

そうすると、またそこからいいことが起きるのです。

タイヤ、バッテリー、オートマオイル、ワイパーなどの販売が増えました。

ニュースレターをきっかけとして、来店頻度や接点が増えることで、まるさん自動車のコミュニティが形成されていくということ。

そのコミュニティの中のお客さまは、自動車に関してのことはすべてまるさん自動車に相談するようになるし、購入するようになるのです。

こんなふうにニュースレターを発行し続けることで、お客さまとの関係性が深くなります。

すごくいいことばかりです。

コンタクトをとって接点を増やせば増やすほど、お客さまから好きになってもらえるということ。

マーケティングとは忘却との戦いなのです。

02

「試食会」がお客さまとのコミュニティの場

儲けるためには「お客さまを囲い込め」といわれていた時代がありました。

でも、いくら会社や店側で囲い込もうと思ったところで、お客さまが素直に囲い込まれてくれるなんてことはありませんよね。

長野県の白馬にある「ホテル五龍館」では五龍館クラブという会員制度をつくっています。

これは、五龍館の女将・中村ゆかりさんが、自分たちのホテルを愛してくれるお客さまと上手につながっていける方法はないものかと考案したものです。

よくある「スタンプカードをおつくりしますか？　無料ですので、お名前を書いてください」と、いつの間にか入会させられてしまっているような会員制とは違います。

かといって割引やすごく特別なサービスがあるわけではありません。

一度でも五龍館に泊まったことのあるお客さまを対象に希望を募り、しかも３０００円を払って入会してもらいます。

２００1年にスタートして、10年間で会員は１０００人を超えました。

五龍館からお客さまへは、定期的にお手紙やニュースレターが送られてきます。

さらに、会員限定プランがご案内されたり、お正月の予約を先行してとれたり、スタンプカードのポイントが10個たまると1泊無料で泊まれたりするようなものです。

五龍館ではこうした発信を続け、五龍館のことをいろいろ知ってもらい、お客さまとの関係性を深めています。

なかでも、**お客さまと双方向でつながりを持ち、より関係性を深めている事例が「試食会」**です。

これは、プランに組み込む食事を一足先に食べてもらって、ご意見をうかがわせてくださいという企画です。

試食会ご案内のお手紙には毎回、その企画に至った詳細なエピソードが語られています。たとえば、

肉の専門家、大国屋・山本さんの情熱の詰まった
信州プレミアム牛三昧料理の試食会に来て下さい。
長野県の畜産家ががんばってることを
もっともっと知って欲しいんです、という山本さんの熱い情熱を、
秋田料理長が引き受けて生まれた今回の企画です。

というような誘導のお手紙です。

来てくださるお客さまは、食べることと五龍館が大好きな方々です。

「試食会」では、女将も一緒にお客さまと食事をして、コース料理にいろいろと意見をいただきます。

女将としても、お客さまとの食事は楽しくて、そこでの話はとても参考になります。

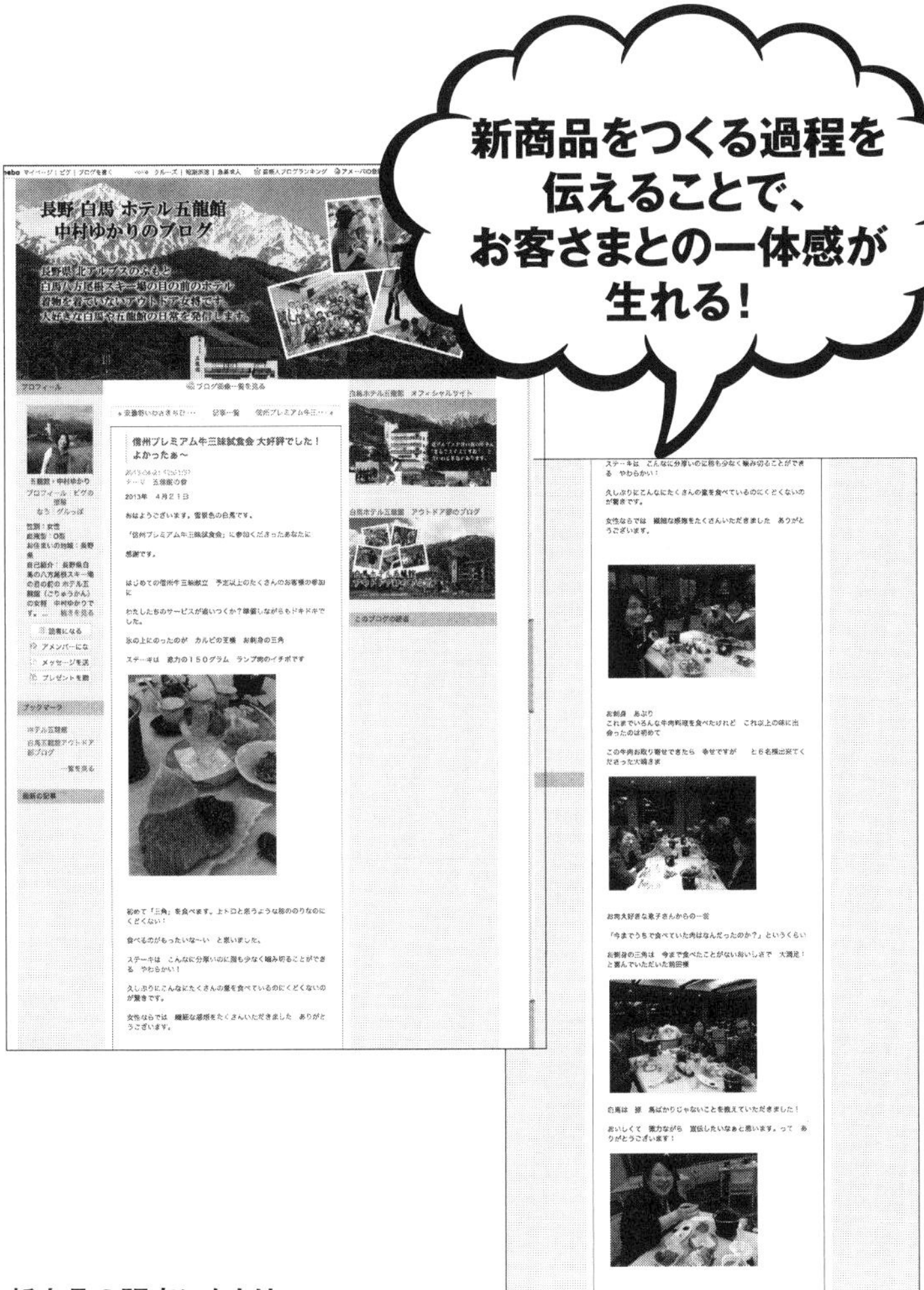

新商品の販売にあたり、
プランニングから試作品の製作過程、
楽しそうな試食会の様子まで、
ブログなどで情報発信をする。
新商品開発が、共感を得る過程となっているのだ。

そして了解を得て、その楽しげな雰囲気もブログに掲載させてもらうのです。

試食会に参加した五龍館クラブのお客さまは、宿との一体感が高まり、五龍館の食を一緒に育てていこうという感じになってくれます。宿の指標といえるお客さまです。

お客さまは、五龍館が試行錯誤している姿に共感し、応援してくれるのです。

五龍館を共につくり上げていくという感覚で愛着を持ってくれます。

ソーシャルメディア時代は、誰もが発信者ともいえる存在です。

時には思いもかけないような反発を受けることもあります。

でも、お客さまと信頼関係が築けていれば、そんなときもお客さまがちゃんと守ってくれるのです。お客さまと信頼関係を築き、双方向でのつながりがより大切になってくるというわけです。

もちろん、売上面での貢献度も高く、五龍館クラブのお客さまは毎年宿泊延べ人数の1割を超える存在です。

03

「赤ちゃんのはじめてカット」というすごいシナリオ

せまいターゲットにピンポイントのメッセージが一番伝わる。

これはマーケティングの真理です。

ターゲットは絞ったほうがいい。
広くすると焦点がぼけてしまって、伝わりにくくなる。
絞ることによって、その人にピンポイントに伝わりやすくなるってこと。

お客さまを絞り込んだら、せまいターゲット層しか来なくなるんじゃないかと思うかもしれませんが、そんなことはありません。

他のお客さまもやっぱりちゃんと来てくれるのです。
ターゲットをせまくすることで、商品やサービスが個性的になるってことなんです。

茨城県水戸市で理髪店「ヘアーサロンカモシダ」を経営している鴨志田英樹さん。
ボクの塾に来てターゲットを絞った商品を考えようと思いました。
そして思いついたんです。

「そうだ、小さい子供がいい。小さい子供をターゲットにしよう」って。

どうしてかというと、子供はひとりでは来店できない。
必ず親かお祖父ちゃん、お祖母ちゃん、家族の誰かが連れてきてくれる。
そうすると、その家族にも自分の店を知ってもらえる。

でも、子供の髪を切るのは……泣くし、叫ぶし、暴れるし、動くし、大変なんです。
お子さんを断わっている理髪店も結構多い。
鴨志田さん、「じゃあオレがやればいいんだよな」と思ったそうです。

子供といっても、年齢はさまざまです。小さい子もいれば、小学生高学年もいる。
そこで彼はもっとターゲットを絞ろうと考えました。

そして、赤ちゃんに絞った。

同じ赤ちゃんでも「はじめてカットする赤ちゃん」にしようと思ったんです。
これって、一生に一度しかないことです。
「赤ちゃんのはじめてカット」というのは記念日になるなと思いついたんです。

これを伝えなきゃいけないと、ホームページをつくりました。
ホームページには「初めてのカットは記念日です！」と書いてあります。

そして、赤ちゃんの髪をカットしている写真を載せました。

その記念日を喜んでもらうために考えたのが、写真のプレゼント。

お父さん、お母さんって、赤ちゃんをカットしているところをよく写真やビデオに撮るそうです。

確かに記念日ですからね。

でも、よく考えたら、お父さんひとりで、あるいはお母さんひとりで赤ちゃんを連れてきたとき、写真は撮れない。

「じゃあ、うちで撮ってあげよう。手が余っているスタッフの誰かに撮らせて、それをCD－Rに焼いて帰りにプレゼントしよう」

そういうことをやったんです。

カットの様子もホームページで伝えています。

初めてのカットについては、親御さんもやっぱりちょっと不安です。
その不安を払拭するためにカットしている様子を画像で伝えています。
初めてカットするのは、こんな説明をつけてお母さんにお願いしています。

最初に髪を切るのはママ!

ご希望であれば初めて髪にハサミを入れるのを
パパかママが切ってみませんか。
中世ヨーロッパでは
赤ちゃんの初めて生えてきた髪の毛を母親が切って、
その毛束が一生のお守りになるそうです。
お持ち帰りになれるよう、小さな袋を用意しています。
ぜひ、赤ちゃんにお守りをプレゼントしてみては。

初めて生えてきた髪の毛って毛先が細いんです。

毛先の細い髪が揃っている毛束は、最初で最後です。

もう、一生ありません。

記念と思い出に切ったその髪で、赤ちゃん筆も作ることができます。

クリックしてね。


お母さんに切ってもらおうということで、先が尖っていないすき鋏を用意しました。

もちろん、予想もしない動きをする赤ちゃんが怪我をしないようにするためです。


切った髪の毛は、ビニールの小さい袋に入れて、帰りに「持っていってください」

と渡します。

でも、ここで終わりにはしません。

切った髪の毛はもっといっぱいあるので、ホームページでは「赤ちゃんの切った髪の毛で筆ができますよ」ということをお知らせしています。

この赤ちゃん筆をつくってくれたお客さまには、カットの際に撮った写真をスライドショーにしてＤＶＤに焼いてお渡しします。

赤ちゃん筆ができるまで１～２カ月かかるんです。ＤＶＤは、完成した筆をお客さまが取りにいらっしゃるときに内緒で渡します。ホームページにもそんなことは書いていないし、取りに来てくれたお客さまにも何もいわず、赤ちゃん筆と一緒に袋の中に入れて、「どうもありがとうございました」とお渡しする。

家に帰ってたぶんこれに初めて気がつくわけで、めちゃめちゃ喜んでもらえます。**「ありがとうございます」という電話がたくさんかかってくるそうです。**

さらにヘアーサロンカモシダは「はじめてカット」をしてくれた方に、ニュースレターやパンフレットをお渡ししています。

その中には、赤ちゃんのいる家族にとってうれしい情報が入っています。

たとえば、「赤ちゃんプラン」という宿泊プランがある温泉旅館のパンフレット。子供をとってもかわいらしく撮ってくれる写真館のパンフレット。

そういう情報を出しているのです。

ニュースレターに関していえば、捨てられないための工夫がこらされています。

たとえば、こういう成分が入っているシャンプーは肌によくない、アレルギーになる可能性がありますよ、みたいなことを書いて、その成分の一覧表を掲載している。

シャンプーのほかにも食器用洗剤や洗濯洗剤、クリームなどにその成分が使われているものがあるので、それらが書いてあります。

そうするとどうなるかというと、お母さんたちはやっぱり気になるので、冷蔵庫の上にこの一覧表を貼っておいてくれるそうです。

これは忘れられないためにも有効です。

常に冷蔵庫に貼ってあるので、「ヘアーサロンカモシダ」という存在を思い出してくれるわけです。

「赤ちゃんのはじめてカット」はこんなふうに見事なシナリオになっています。

「赤ちゃんのはじめてカット」をすることによって、お客さまが「赤ちゃん筆」をつくってくれたり、お兄ちゃんやお姉ちゃんのカットにつながることもある。

もちろんお父さん、お母さんなど家族の方も来てくれるようになる。

そこでニュースレターをお渡しすることによって、お友達やご近所への口コミになる。口コミから、さらなる「はじめてカット」につながっていき、また新たな展開につながっていく。

最終的には「家族のカット」にまでつながっていくんです。

お子さんを一回連れてきているので、一回はヘアーサロンカモシダに来ている。

鴨志田さんがどういう対応をしてカットしているのかとか、店内はどんな感じになっているのかとか、周りにどんなお客さんがいるのか、どんなスタイルになるのか、ということを、お客さまは自分がカットする前に見ているんです。

つまり、ヘアーサロンカモシダをよく知ってくれている新規のお客さんが来てくれるわけです。

ということは、店の思想に共感してくれたから来店しているということになります。

だからリピート率がすごく高い。

自分のカットで来るのは初めてだけれど、基本、リピートしているのと同じような感覚です。

「赤ちゃんのはじめてカット」というサービスをきっかけに、リピーターが増え、ファンが増えているのです。

04

1個1050円の高級石鹸が1カ月で120個以上も売れた

ボクの塾に来ていた、**北海道旭川市の「アスクドラッグ」**という個人の店の話です。

今から6年ほど前、この店の周囲にたくさんの安売りドラッグストアの全国チェーンが出店してきました。

大型店です。

そちらにお客さまが流れてしまって、このままだとつぶれてしまうという、閉店の危機に陥った。

でも、そこで社長の平山勇登さんは気がついたんです。

大型の安売りドラッグストアが真似できない、自社の価値は何だろう。

それは長年、地元で築いてきたお客さまとの「関係性」じゃないかって。

その関係性をもっと深めることが自店の強みになるんじゃないかって。

そこで平山社長は既存顧客の方にお手紙を書くことにしました。

「アスクドラッグいきいき通信」というニュースレターにして、毎月、既存顧客に送るようになったのです。

社長自身やスタッフの顔写真も入れ、近況報告や、健康に役立つ情報、近所の飲食店の情報、新製品の情報、Q＆Aが主体の「よくある質問コーナー」などなど。

たとえば、5月号では「五月病って本当にあるの？」という記事があって、五月病のことが詳しく書いてあります。

こういう記事がなかなか面白いんです。

秋には、夏の疲れを残さないための食べ物の話、冬は身体をあたためる工夫などなど、季節や世の中の状況に合わせた、役立つ健康情報が載っています。

もちろんそれだけでなく、**新商品の情報や売りたい商品の情報もさり気なく掲載**しています。

これを毎月郵送で、既存顧客に送っているわけです。

**定期的な発信で、
地元のお客さまとの
関係性がより深まり、
紹介にもつながる!**

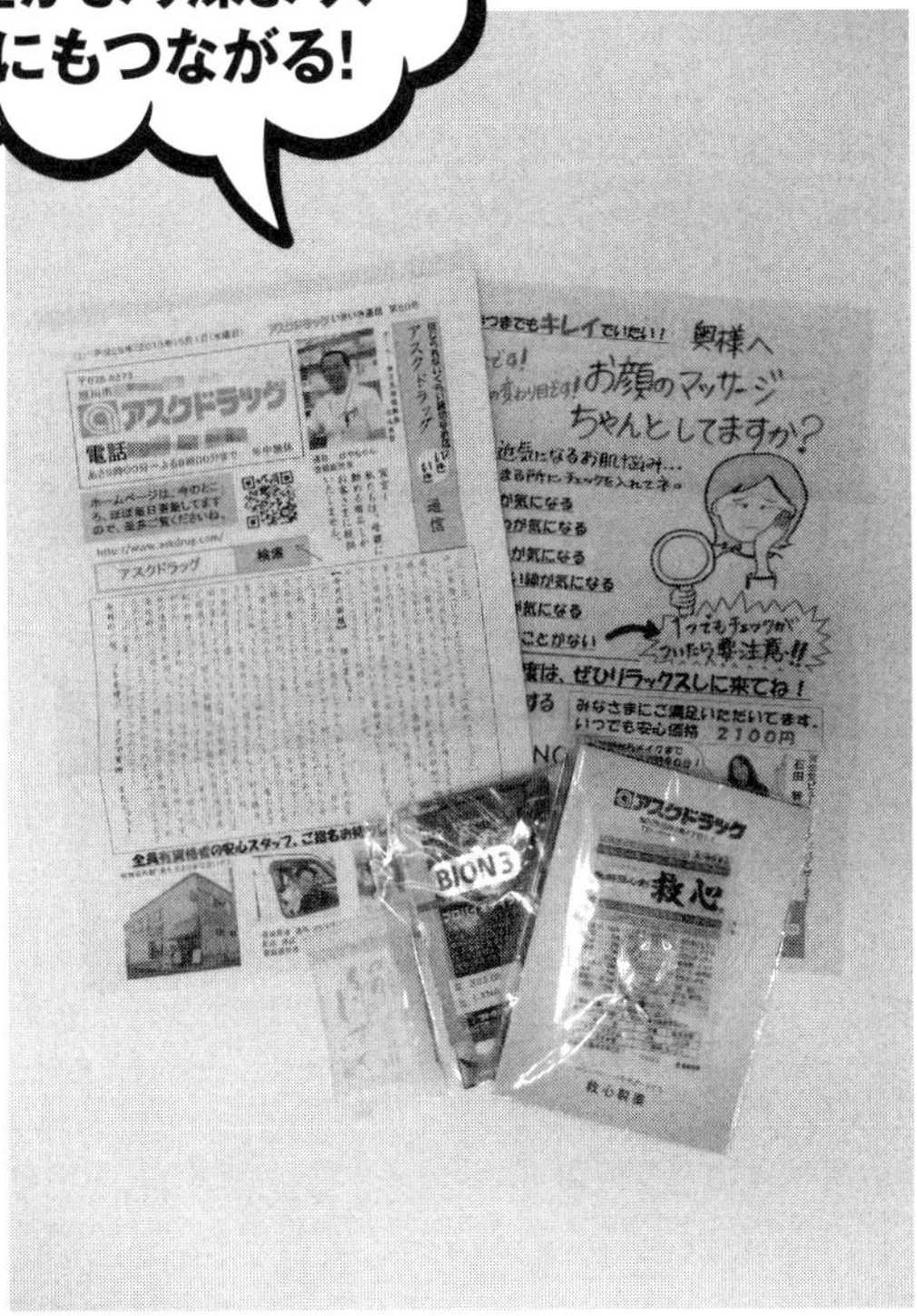

店舗を訪れてくれたお客さまに、月に1回ニュースレターを発行。
継続することで、関係性が構築され、徐々にコミュニティ化していった。
結果、過去最高の増収増益を達成。
さらに、既存顧客が新規のお客さまを紹介してくれるという、
ビジネスの好循環も起こっている。

結果、何が起こったか。

既存顧客とのつながりが強くなり、関係性が構築され、コミュニティ化していきました。

そして、平山社長がニュースレターで紹介することで、**ちょっと高い価格帯のおすすめ商品がどんどん売れるようになった**のです。

たとえば、1個1050円の石鹸が飛ぶように売れていく。

その石鹸のメーカーによると、北海道で一番売れる店でも、ひと月に30個くらいが限度。

でも、アスクドラッグでは一時期、ひと月で128個も売れ続けていました。

ニュースレターを発行して6年ほど経った今、社長がボクにこういいました。

「ニュースレターをやっていなかったら、確実につぶれていました。

発行することで、地元のお客さまとコミュニケーションがとれ、関係性が深まりました。たくさんのお客さまが相談に来てくれたり、用もないのに来店してくれたり、うれしいことです。

売上も徐々に上がって、おかげで昨年は過去最高の増収増益でした」

地元のお客さまとの関係性ができ、結果、業績もよくなった。
既存顧客からの紹介で、新規のお客さまも増えているそうです。

もしあなたの会社に、既存顧客との関係性をつくり出す仕組みがなかったら、すぐにでもつくることです。
新規客獲得の予算を、既存顧客のために使うくらいでなければ、会社もお店もますます苦しくなってしまいます。

05
「カメラのキタムラ」でスマホが爆発的に売れる理由

スマートフォンのカメラ機能が高性能になりました。

楽しいアプリや画像加工アプリもたくさん登場して、もはや写真は撮影するだけのものではなく、楽しむものになった。

思い出や記録を残すという本来の目的以外にも、コミュニケーションの手段だったり、自己表現の道具だったり、娯楽だったり、写真の可能性を拡げたのは、スマートフォンのおかげです。

そんな中、従来のコンパクトデジカメは、どんどん売れなくなっています。

ボクのクライアントで**全国にチェーン展開をしている「カメラのキタムラ」**は、

その潮流をいち早く感じ取って、スマートフォンを積極的に扱うようになっています。

「スマホはデジカメだ」というコンセプトで展開している。

従来のデジカメを売って、それをプリントしてもらう、あるいはアルバムをつくってもらうというビジネスに、スマートフォンという機器も組み込んだということです。

自社のホームページとは別に、「スマホト.jp」という、スマートフォンに特化したサイトをつくっています。

このサイトは【知る】【選ぶ】【使う】【写真を楽しむ】と、4つのコーナーがあります。

それぞれのコーナーでスマートフォンの基本情報が載っていたり、機種を比較していたり、アクセサリーを紹介したりしています。
使って楽しいおすすめアプリの紹介や、有名人にスマートフォンをどういうふうに使っているかをインタビューしたコラムもあります。

でも、ただ役立つ新しい情報が頻繁に更新されているだけではありません。
読者とのコミュニケーションの場にもなっているのです。

「月刊みんなのスマホト」というコーナーがあり、こういう説明が書いてあります。

撮って、送って
月刊みんなのスマホト
スマートフォンで撮った写真作品を、ソーシャルで共有する作品投稿コミュニティ。

スマートフォンで撮影した写真。

せっかく撮ったのに、ライブラリやカメラロールに入れっ放しにしているのはもったいない！

「撮って送って月刊みんなのスマホト」に投稿して、あなたが撮ったスマホトをデビューさせてみませんか？

みんなのスマホトは、毎月変わる「テーマ」に沿った〝スマホで撮った写真〟を募集し、発表しています。

審査はみなさんの「いいね！」の投票で決まります。

上位3名と、投稿者の中から抽選で1名の合計4名が入賞となります。
入賞者には「フォト本1冊無料券」をプレゼントします！

カンタンにいってしまえば、一般読者からスマートフォンで撮影した写真を投稿してもらって、一般の人が審査するというコーナー。

これは毎月「テーマ」が変わります。
「旅行」とか「ペット」「運動会」「花」などなど。
多くの読者からたくさん投稿してもらっています。
これが大好評です。

まさに、スマホのコミュニティサイトになっている。

これによってカメラのキタムラがスマートフォンを扱っていることや、スマートフォンに精通しているという認識が共有されます。

結果、カメラのキタムラでスマートフォンが売れるわけです。

さらにリアルの店舗が各地にあるということも強みになっています。
カメラのキタムラでスマートフォンを買うと、無料で初期設定をしてくれます。
希望するお客さまには、その場で使い方まで教えてくれます。

本当に親切で丁寧です。

いつでも近所にあるという安心感があります。

各店の店長さんは、地域のお客さまと親密につながっているんです。

ウェブ上でのコミュニティ、リアルでのコミュニティ。

結局、人は人とつながり、そのつながりの中で消費するのです。

だからソーシャルメディアでも、リアルの場でも「コミュニケーション」が大事なんです。

第5章のまとめ

- ☑ せまいターゲットでピンポイントのメッセージがもっとも伝わる
- ☑ ソーシャルメディア時代、会社を守ってくれるのはお客さまとの関係性
- ☑ ゆるくてもいい、継続的なつながりで安定した売上をつくり出そう
- ☑ 既存顧客との関係性を深める仕組みが新規のお客さまも生み出す

第6章

時代は変化する。あなたも変化しよう!

新しいマーケットをつくり出すのはお客さま

01

デジカメを開発した イーストマン・コダックのジレンマ

「イーストマン・コダック」っていう会社を覚えていますか？

世界の写真業界で、圧倒的な存在感を示していた企業です。

フィルム市場、カメラ市場でものすごいシェアを持っていた。

その会社が２０１２年に１３０年の歴史を閉じました。

自ら開発したフィルムの要らないデジタルカメラの流れに、乗り遅れてしまったからです。

まったく皮肉なものです。

さらに皮肉なことに、**フィルムという、圧倒的な強みがあった商品を持っていた**

ことで、未来を見誤ってしまったんです。

あまりにもこだわりすぎると、流れを読み間違ってしまうんです。

我が国の薄型テレビをつくっていた会社も、小学生でもわかりそうなことを、見誤って失墜してしまいましたよね。

地デジ化が終わったら、薄型テレビは売れなくなるということもわからなくなってしまう。

薄型テレビの2012年の国内出荷台数は、2010年と比べると、80%減です。

当たり前のことが、どうして予測できないのでしょう。

他の会社の売上は減るけれど、うちの商品は優れているから、まだ売れると思っていたとしか考えられません。

しっかりと世の中の流れをとらえ、感じる。

そういう感性がなかったら、たくさんのものを見誤るんです。

流れに流されず、逆らわず、流れに乗るってことです。

とてつもない速さで進む現代社会。

どんなに大きな企業でも、どんなに優秀な企業でも、立ち止まっているのは、死に向かうという意味かもしれません。

時には、自らの事業を創造的に破壊する必要もある。

手放すのは、勇気がいることです。

でも手放したときに、新しいものが手に入るというのも事実です。

現代社会で成功するために、劇的なイノベーションが必要なのかもしれません。

02

「ライバルの男がバラの花を10本贈ったら、君は15本贈るかい？」

会社というのは、しばしば業界の常識に縛られたり、自社の売上目標に縛られたりして、大切なことを見失ってしまうことがあります。

顧客不在に陥ることがある。

お客さまの利便性や利益を無視して、自社の利益だけ考えるってことです。

たとえば、競合に勝とうと思うあまり、お客さまのほうを見なくなってしまうってこと。

「お客さまのことを考える」

これはビジネスの真理です。

あなたの会社や商品を選んでくれるのは、競合他社ではなく、お客さまだってことを忘れないことです。

確かに、業界や競合を見るのは大切なことです。
でも、基本はお客さまのほうを向いて、お客さまのことを考えること。
そうですよね。

たとえば、通販大手のアマゾン。
ものすごく操作性がいい。
ユーザーインターフェイスが優れている。
ワンクリックで買えたり、決済のやり方もカンタン。
在庫があれば、翌日に届きます。
電子書籍なんかは、1分もかからないで、購入してすぐに読める。
常にお客さまのことを考えている。
インターネット通販はたくさんの会社が登場して、たくさんの会社が消滅していきました。

そんな中、圧倒的な地位を確立したアマゾンは、常にユーザーのほうを見ていたからこそ、今のポジションを得ているのです。


アップルもそうですよね。

お客さまが驚愕するような、社会を変革するような画期的な製品、ｉＰｈｏｎｅ、ｉＰａｄなどを次々と世に出しました。

これもお客さまが無意識のうちに求めているコト、社会が無意識に求めているコトを、製品という形にしていたわけです。


アップルのＣＥＯだったスティーブ・ジョブズは、そういうことを感じ取る天才的な感覚を持っていたのかもしれません。

でも、それはお客さまのことを考えるという、ビジネスの基本を忘れなかったってことだと思うのです。

ジョブズはたくさんの名言を残していますが、その中でビジネスの真理を、シンプルなたとえで表現している言葉があります。
歴史に残る箴言《しんげん》だと思う。

「美しい女性を口説こうと思ったとき、
ライバルの男がバラの花を10本贈ったら、君は15本贈るかい？
そう思った時点で君の負けだ。
ライバルが何をしようと関係ない。
その女性が本当に何を望んでいるのかを、見極めることが重要なんだ」

これに尽きます。

本当にお客さまのほうを向いているか？
今一度、あなたの会社のシナリオを見直してみてください。

03 孤高の画家に商売の真理を見た

北海道の釧路に木島務さんという画家がいました。

残念ながら、数年前に72歳で亡くなられましたが、熱狂的なファンがいた画家です。

どこかの芸術団体に属しているわけでもなく、どこの画廊とも契約しているわけではありません。

芸術賞などにも関心がなく、純粋に自分の作品だけ発表していた。

まさに孤高の芸術家。


ボクも何回もお会いしたことがあります。

ひと目で芸術家とわかるような個性的な外見の方でした。

最初に会ったとき、絵を売っていると聞いて、それだけで食べていけるのだろうかと思いました。
釧路というのは人口が20万人弱の街です。
そんな地方都市で、自分の絵だけを売ってやっていけるのだろうか。
そういう疑問。

木島先生は年に6回、北海道内で個展をやっているということでした。
釧路3回、札幌2回、函館1回。
絵の価格も安くありません。
どちらかというと、結構高価です。
あとで関係者の方から聞いたのですが、個展をするとほぼすべての作品が売れる。
すごいなと思った。

1点20万円とか30万円する絵が毎回完売する。
最初は信じられませんでした。
確かに、素晴らしい絵を描いています。

釧路湿原や釧路川、北海道の風景を、独特の色使いと力強いタッチで描いた、エネルギーあふれる風景画です。

でも、絵というのはある意味、生きていくために必要なものではありません。

おまけに高価。

それが完売するとはなかなか信じられませんでした。


ところが木島先生には売れる秘密があった。

それは何かというと「顧客名簿」です。

過去、個展に来てくれた方の名前と住所が記してある大学ノートがあるんです。

その数、約３０００名。

そして木島先生、個展をやるたびに、その３０００人に手書きでハガキのダイレクトメールを書くのです。

ハガキの裏は木島先生の絵になっています。
線は印刷してありますが、1枚1枚自分で色をつける。
手書きで宛て名を書いて送る。
これはスゴイです。だって3000名ですよ。
おまけに有名な画家が自ら色をつけた手描きの絵です。
このハガキを毎回楽しみにしていて、額に飾っている人もたくさんいるそうです。

そして丁寧に送り続けていると、皆さん、必ず何回かに一度は来てくれるそうです。

「先生、いつもお手紙ありがとうございます。先生の絵、うちの家計じゃまだとても買えないんですよ。今度お父さんが定年退職したら、退職金で買わせていただきますね」
そういうお客さまがいても、先生は絶対に売ろうとはしないそうです。

「買わなくてもいいよ、見ていくだけでいいから」

それで、お茶を出したり、お菓子を出したりして個展会場でもてなすんです。

ファンが大勢いるのもわかります。


新規の人には一切告知していないのですが、新しいファンが増えていく。

それは、ファンの人が友人を連れてきてくれるからなんです。


ある個展のときの話です。

20代半ばくらいの会社員ふうの女性が、1枚の絵の前でずーっと見ていたそうです。

彼女はその絵の前から離れません。

木島先生はそれに気づき、女性に声をかけました。

「この絵、気に入ったのか？」

「はい、とってもいい絵ですね」

「そうか、欲しいか？」

「はい……でも、私はこんな高い絵は買えません」

「おまえ、働いてるのか」

「はい。〇〇で仕事をしています」

「そうか。ひと月1000円払えるか」

「1000円ならなんとか」

「だったら持っていっていいぞ」

「えっ、いいんですか」

「うん、払えるときに払えばいいから。持ってけ」


そういう感じの人なんです。

だから人気がある。


もう完全に木島先生を中心とした、コミュニティができあがっているのです。

コミュニティをつくることはスゴイことだなと思います。

規模の小さい北海道の地方都市で、個展をやって、ちゃんと食べていくどころか、いい収入を得ている。

個展をやって発信していくと有名になっていきます。

広告代理店から「〇〇のポスターの絵を描いてください」と仕事の依頼が来たり、釧路駅から駅に壁画を描いてくれとか、会社の社長さんや学校の理事長さんなんかにオリジナルの絵を依頼されたり。

いろんな話がきます。

この木島先生の個展の逸話は、商売についてとても大事なことを教えてくれます。

商品がいいだけではなく、おなじみさんにいつもコンタクトをとって、大事にする。

既存顧客を死ぬほど大切にする。

そうするとリピーターが増え、それと同時に新規客が増えていく。

まさに商売の真理です。

04

「名詞の経済」から「形容詞の経済」、そして現在は……

前述したように、ここ数年、ビジネスを取り巻く環境が大きく変わりました。
それは異論の余地がないことでしょう。

わずか数年前に機能していたことが、あまり機能しなくなってきたり、効果のある手法だといわれていることが効果を失ったりしています。

マーケティングのシナリオの考え方を根本的に変える必要に迫られている。

そう思うんです。

モノが足りない時代は、いい商品を売っていたら、黙っていても売れました。
まだ自動車が高嶺の花の時代は、自動車ということだけで高くても売れたわけです。

そういう時代は新製品や新サービスを導入することで、エネルギーが生み出せました。

商品を中心とした、「名詞の経済」だったわけです。

モノがひと通り行き渡り、モノの豊かさに幸せを感じなくなった消費者に対して、企業は「付加価値」をつけるようになってきました。

マーケティングが必要になってきたわけです。

商品に、デザインという付加価値をつけたり、多機能という付加価値をつけたり、こだわりという付加価値をつけたり、サービスという付加価値をつけました。

美しい○○

デザインがいい○○

材料にこだわった○○

おもてなしの○○

これが付加価値を中心にした「形容詞の経済」です。

そういう時代が長く続きました。

高級輸入ブランド消費なんかは、まさに形容詞の経済で行われていたことです。

名詞の時代でも形容詞の時代でも、重要なのはモノでした。

しかしその後、さらに消費者は進化しました。

その商品のスペックや機能、付加価値で判断するのではなく、その商品を買うことで、

どんな素敵な生活を得ることができるのか？
どんな気持ちのいい時間を過ごせるのか？
どんな問題を解決してくれるのか？

などなど、自分にとってどういうコトを提供してくれるのかが大事になったのです。

モノではなくコト。

コトというのは動詞です。

まさに「動詞の経済」になってきたのです。

格好いいファッションを売るのではなく、ファッションを通して格好いい生き方を売らなければならない。

便利でおしゃれなクルマを売るのではなく、そのクルマがある豊かなライフスタイルを売らなければならない。

ただ単にきれいな会社案内を印刷するのではなく、その営業力アップの強化ツールになる会社案内を提供しなければならない。


そういうことです。

「モノ」ではなく、「体験」を売る、エクスペリエンス・マーケティングの世界になってきたということ。

そしてここにきて、ソーシャルメディアの発達が新しい消費行動を生み出しました。
消費者は、ほんの数年前まではなかった情報のツールを持つようになった。
ソーシャルメディアの世界で情報交換し、商品を使い、その評価をするようになった。

これまではマスメディアで発信された情報だけが頼りでしたが、現代はたくさんの情報源があります。
お友達や知人、信頼するブログを書いている人、多くの個人がソーシャルメディアを使って発信しています。

企業からの一方的な発信を信用しなくなってきたということ。
それよりも、信頼できる友人の情報で判断するということです。

21世紀は国家や企業などではなく、個人の力が増大する。
そう述べたのは**アメリカの未来学者であるアルビン・トフラー**ですが、実際にそういう時代になりました。

個人がメディアになる時代です。

この動詞の経済環境では、マーケティングのシナリオの考え方を根本的に変える必要に迫られているというわけです。

生活者がコミュニケーションをコントロールする割合が、大きくなってきた。だから、これからのマーケティングを考える上で、生活者視点のマーケティングが大事になってくる。

そう思うのです。

人々が自ら共感して、そこにコミュニティが発生して、新しいマーケットができていく。

生活者のほうからマーケットをつくり出すようなマーケティング。

そのシナリオを考え出すようなことをしなければ、企業にとってたくさんのビジネスチャンスを喪失することになります。

05

ビジネスで大事なことはみんなジャズが教えてくれた

振り返ってみると、自分の人生に決定的な影響を与えてくれた人というのは、何人かいるものです。

荒川宗治さんは、ボクにとって確実にそのひとり。

ボクは音楽が好きです。

特にジャズが好き。

高校のときからずっとジャズを聴いていました。

そのジャズを聴くきっかけが、荒川さんという先輩だったのです。

荒川さんという先輩の部屋で、初めて出会った音楽。

ジャズ。


荒川さんは他校の先輩だった。

地方から釧路の高校に入学した学生たちが住む下宿屋に下宿していました。

たまたまボクの友人が荒川さんのお隣の部屋だった関係で、仲よくなった人だった。

荒川さんは、音楽、特にジャズが好きで、自分でも見事なジャズギターを弾いていた。

先輩の部屋には、当時の高校生が持つには不似合いな、高価なステレオのコンポーネントと音のいいスピーカーがあり、たくさんのジャズのレコードがあった。

荒川さんから、

「ジャズに名曲はない」

という言葉を聞いたのは、高校2年生の秋でした。

荒川さんを知って間もない頃のこと。

そういわれて、すごく不思議だった。「なんで？」って。


ある日、荒川さんの下宿に行ったとき、ジャズが流れていた。

30センチ角くらいの紙レコードジャケットを見て、「これ、なんていう曲なんですか？」って聞いたら、「『ニューヨークの秋』っていう曲だよ」。

ピアノ演奏でした。


レコードを見たら、「ニューヨークの秋」が3曲入っていた。

「Autumn In New York」

「Autumn In New York (alternate take #1)」

「Autumn In New York (alternate take #2)」

「えっ、同じ曲ばっかりじゃん。なんでこんな同じ曲ばっかり入っているの？」とボクは訊きました。

荒川さんの答えがこれでした。

「ジャズに名曲はないんだよ」

「どういうこと?」

「ジャズで一番大切なのはインプロヴィゼーションなんだ」というんです。

インプロヴィゼーションというのは即興演奏です。

ジャズの価値は即興演奏なんだ、と荒川さんはいうのです。

「どういうこと?」

「今から聴かせてやるよ」

それで聴かせてもらいました。

同じ曲なのに、感じが違うのです。

なんとなく同じトーンなのですが、まったく別の曲といってもいいくらいの違いだった。

「これは全部即興でやっているんだ」

「ええっ？　これ、そのときに初めて弾いているの？」

「そう、本当に即興で弾いているんだよ。同じメンバーで同じ曲をやっても全部違う。だから、いい演奏と悪い演奏があるんだ」

へ〜〜〜と思った。

「ジャズはその場で演奏して、それがそれぞれの作品になっていくものすごくクリエイティブな音楽なんだよ」

荒川さんのその言葉を聞いて以来、ボクはジャズにのめり込んだんです。

即興演奏。

たとえば**「マイ・ファニー・バレンタイン」という曲をマイルス・デイビスが同じメンバーで演奏**したとしても、そのときの場所、そのときの気持ち、そのときの酔い具合などによって演奏はまったく変わってくるということなんです。

だから、ジャズに名曲があるのではなく、名演奏があるんだ、ということです。

スゴイなと思った。

それからいろいろなジャズを聴くようになって、魅力に取りつかれていきました。

どうして、ビジネス書なのにこんな話をしているかというと、**実はこれからのビジネスを考える上で、ものすごく関係があることだからなのです。**

つまり、今、そういう経営が求められているということなんです。

ビジネスの環境がどんどん変わっています。

だからこそ、その場の**インプロヴィゼーション、アドリブ、即興演奏がビジネスでもすごく大事になってくる、**ということなんです。


10年前に今の状況がわかっていた人っていないですよね。

もしかしたら5年前でもわからなかったかもしれない。

消費者がソーシャルメディアという発信の道具を持ってこれだけ発信するようになるなんていうことは、5年前には想像もつかなかった。


ということは、5年前に立てた5年後を見据えた中期経営計画は当てにならないということになりますよね。

中期経営計画を立てても、それをその通り実現するのは無理だ、ということ。

この変化のスピードだと5年後はわからないですよ。

もしかしたら1年後もわからないかもしれないです。

計画を立ててもその通りにはいかない、

ということです。

というか、計画通りに行ったら、それはある意味失敗かもしれない。

計画を立てながら行動して、行動しながら修正していく。

そういうジャズセッションみたいな経営をしていかないと、これからは環境に合わなくなっていくのです。

まさにボクがセミナーでいつもいっている、

「ともかくやってみる、ダメだったら変えればいいんだから」

そういうことです。

第6章のまとめ

- ☑ マーケットをつくり出すのは生活者。
  個人がメディアになる時代
- ☑ マーケティングのシナリオを
  根本的に変えるときがやってきた
- ☑ 環境に合わせて行動しながら
  修正していく経営を。
  ジャズセッションみたいに♬

おわりに◎迷ったら基本に返ろう

ここ数年、世の中は激しく変わりました。

まさに時代の変わり目、節目にあったわけです。

あなたも、公私ともに心揺れることが多かったのではないでしょうか。

さまざまな問題が山積みされて、混沌とする中で、迷いや不安、不満もあったことと思います。

教育や医療の問題、資源の問題、いろいろなものが変わるとき、人々の思考が変わっていくとき。

価値観が劇的に変わりました。

一つひとつの考え方が変化し、確実に時代が移って、さまざまなところでその影響が出ました。

しかし、激動も少しずつ確実におさまりつつあります。
世界は平和や平穏を求め、人の心はまとまっていきます。
環境の変化、社会の流れはあるべき姿へと、安定してくるのです。

あるべき姿とは、「真理」です。

ボクは「真理」って言葉をよく使いますが、これからの時代は、真理に沿った思考と行動が大事になってくる。

「真理」というのは、カンタンにいえば、基本に返るということです。

生活を安定させたかったら、コツコツ働くこと。
よい子に育てたかったら、両親が仲よく愛情をかけること。
体調が悪かったら、休養すること。

人から優しくしてほしければ、自分から優しくすること。
生きがいを味わいたければ、人のために役立つこと。

そういう自然の「基本」です。

もし迷ったり、不安になったときには、思いを「基本真理」に返すことです。
基本に返って考えれば、大きな問題は起きません。
あなたの環境もよくなっていきます。
そういうふうに考えていくと、ビジネスがどういうものになるのかも見えてきます。

ビジネスの真理とは何でしょう。

それはお客さまや社会に、幸せを生み出すということです。

世間では、さまざまな問題が渦巻いています。
しかしながら、誰にも解決策は見えていないのが現状です。

明確なのは、今までのやり方、生き方はほとんど通用しないということ。

たとえば、海外に進出して安い労働力でモノをつくっても、大量に売ることは難しい時代です。

偏差値の高い大学を卒業しても、必ず就職できるような状況ではありません。

真理をもとに生きる。
真理をもとにビジネスをする。
それがとっても大切な時代になったってことです。

それはどういうことかというと、次の3つに集約されます。

①無駄をせず、無理をしない

テンションをゆるめること。
肩肘を張らない。

過去のしがらみなどをひきずらないで、流してしまう。

②自分ができることは、誠実に心を込めてする

世のため人のためになる。小さなことから心を込めて。

③専門化していく

何でも手広くするのではなく、自分の個性、強さを知って生きる。

自分の利益だけを考えている、そんな時代ではないのです。
個の利益、自分の幸せばかり考えていると、会社や自分が崩壊する危険もあります。
自分の幸せばかり考えるのではなく、みんなの幸せを考えるってことです。
競い合う時代から、補い合う時代になったってこと。
自分だけが儲けるのではなく、全体の利益を考える。

そういう世の流れになったってことです。


これからの時代、繁栄するためには、基本に返ること。

お客さまのほうをしっかり見て、お客さまが喜んでくれるコトを提供する。

あなたの会社や商品を選んでくれるのは、競合他社ではなく、お客さまだってことを忘れないようにしましょう。


ビジネスの基本に返って考えて行動する。

そうすると、あなたが向かうべき新たな時代の姿が見えてくるでしょう。

その指針にしてもらうために、この本を書きました。


あなたのビジネスが圧倒的に輝いて、あなたと、あなたの大切な人たちが幸せになることを、心から祈っています。

【著者略歴】

藤村正宏（ふじむら　まさひろ）

1958年、北海道釧路市生まれ。釧路湖陵高校から明治大学文学部（演劇学専攻）へ進む。早稲田大学演劇研究会にて演劇をプロデュース。大学卒業後、(株)京屋にてヴィジュアルプレゼンテーション、ニューヨーク大学にて映画製作等を経験後、フリーパレットを設立し、ウインドゥディスプレイに従事。1992年、(株)ラーソン・ジャパン取締役就任後、各種集客施設（水族館、博物館、テーマパーク、レストラン、ショップなど）の企画設計を手がける。集客施設の企画に演劇の手法を取り入れて成功。実績が証明されるにしたがい信奉者が増える。特にヒトの潜在意識に影響する要素を注意深く分析して企画に取り入れるほか、体験を売るという「エクスペリエンス・マーケティング」の考え方で集客施設や会社のコンサルティングを行う。『安売りするな！「価値」を売れ！』『やっぱり！「モノ」を売るな！「体験」を売れ！』（いずれも小社刊）等、著書も好評を博している。現在、フリーパレット集客施設研究所主宰。

【ブログ】http://ameblo.jp/ex-ma11091520sukotto/

藤村正宏ブログ　検索

【mail】info@ex-ma.com

「高《たか》く」売《う》れ！「長《なが》く」売《う》れ！「共感《きょうかん》」で売《う》れ！

安売《やすう》りしなくても売《う》れる「顧客化《こきゃくか》」4つのシナリオ

2013年７月３日　初版第１刷発行
2013年７月13日　初版第２刷発行

著　者──藤村正宏

発行者──村山秀夫

発行所──(株)実業之日本社

〒104-8233　東京都中央区京橋 3-7-5　京橋スクエア
電話 03-3562-4041（編集部）
03-3535-4441（販売部）
http://www.j-n.co.jp/

印刷所──大日本印刷(株)

製本所──(株)ブックアート

ISBN978-4-408-11006-6（学芸ビジネス）